长江文明之旅

人文历史篇

/科技部推荐优秀科普图书/

器玉陶瓷

总顾问 冯天瑜 钮新强
总主编 刘玉堂 王玉德

刘森淼 刘尔亮 编著

上海科学技术文献出版社
Shanghai Scientific and Technological Literature Press

长江出版社
CHANGJIANG PRESS

长江文明馆献辞
（代序一）

冯天瑜

无边落木萧萧下，
不尽长江滚滚来。
——杜甫《登高》

江河提供人类生活及生产不可或缺的淡水，并造就深入陆地的水路交通线，江河流域得以成为人类文明的发祥地、现代文明繁衍畅达的处所。因此，兼收自然地理、经济地理、人文地理旨趣的流域文明研究经久不衰。尼罗河、幼发拉底—底格里斯河、印度河、恒河、莱茵河、多瑙河、伏尔加河、亚马孙河、密西西比河、黄河、珠江等河流文明，竞相引起世人关注，而作为中国“母亲河”之一的长江，更以丰饶的自然秉赋、悠远深邃的文化积淀、广阔无垠的发展前景，理所当然成为江河文明研究的翘楚。历史呼唤、现实诉求，长江文明馆应运而生。她以“长江之歌 文明之旅”为主题，以水孕育人类、人类创造文明、文明融于生态为主线，紧紧围绕“走进长江”、“感知文明”和“最长江”三大核心板块，利用现代多媒体等手段，全方位展现长江流域的旖旎风光、悠久历史和璀璨文明。

干流长度居亚洲第一、世界第三的长江，地处亚热带北沿，人类文明发生线——北纬30° 线横贯流域。而此纬线通过的几大人类古文明区（印度河流域、两河流域、尼罗河流域等）因副热带高压控制，多是气候干热的沙漠地带，作为文明发展基石的农业仰赖江河灌溉，故有“埃及是尼罗河赠礼”之说。然而，长江得大自然眷顾，亚洲大陆中部崛起的青藏高原和横断山脉阻挡来自太平洋季风的水汽，凝集为巫山云雨，致使这里水热资源丰富，最适宜人类生存发展，是中国乃至世界自然禀赋优越、经济文化潜能巨大的地域。

长江流域的优胜处可归结为“水”—“通”—“中”三字。

一、淡水富集

长江干流、支流纵横，水量充沛，湖泊星罗棋布，湿地广大，是地球上少有的亚热带淡水富集区，其流域蕴蓄着中国35%的淡水资源、48%的可开发水电资源。如果说石油是20世纪列国依靠的战略物资，那么，21世纪随着核能及非矿物能源（水能、风能、太阳能等）的广为开发，石油的重要性呈缓降之势，而淡水作为关乎生命存亡而又不可替代的资源，其地位进一步提升。当下的共识是：水与空气并列，是人类须臾不可缺的“第一资源”。长江的淡水优势，自古已然，于今为烈，仅以南水北调工程为例，即可见长江之水的战略意义。保护水生态、利用水资源、做好水文章，乃长江文明的一个绝大题目。

二、水运通衢

在水陆空三种运输系统中，水运成本最为低廉且载量巨大。而长江的水运交通发达，其干支流通航里程达6.5万千米，占全国内河通航里程的52.5%，是连接中国东中西部的“黄金水道”，其干线航道年货运量已逾十亿吨，超过以水运发达著称的莱茵河和密西西比河，稳居世界第一位。长江中游的武汉古称“九省通衢”，即是依凭横贯东西的长江干流和南来之湖湘、北来之汉水、东来之鄱赣造就的航运网，成为川、黔、陕、豫、鄂、湘、赣、皖、苏等省份的物流中心，当代更雄风振起，营造水陆空几纵几横交通枢纽和现代信息汇集区。

三、文明中心

如果说中国的自然地理中心在黄河上中游，那么经济地理、人口地理中心则在长江流域。以武汉为圆心、1000千米为半径画一圆圈，中国主要大都会及经济文化繁荣区皆在圆周近侧。居中可南北呼应、东西贯通、引领全局，近年遂有“长江经济带”发展战略的应运而兴。长江经济带覆盖中国11个省（市），包括长三角的江浙沪3省（市）、中部4省和西南4省（市）。11省（市）GDP总量超过全国的4成，且发展后劲不

可限量。

回望古史，黄河流域对中华文明的早期发育居功至伟，而长江流域依凭巨大潜力，自晚周疾起直追，巴蜀文化、荆楚文化、吴越文化与北方之齐鲁文化、三晋文化、秦羌文化并耀千秋。龙凤齐舞、国风—离骚对称、孔孟—老庄竞存，共同构建二元耦合的中华文化。中唐以降，经济文化重心南移，长江迎来领跑千年的辉煌。近代以来，面对“数千年未有之大变局”，长江担当起中国工业文明的先导、改革开放的先锋。未来学家列举“21世纪全球十大超级城市”，依次为：印度班加罗尔、中国武汉、土耳其伊斯坦布尔、中国上海、泰国曼谷、美国丹佛、美国亚特兰大、墨西哥昆坎—图卢姆、西班牙马德里、加拿大温哥华。在可预期的全球十大超级城市中，竟有两个（武汉与上海）位于长江流域，足见长江文明世界地位之崇高、发展前景之远大。

为着了解这一切，我们步入长江文明馆，这里昭示——

一道天造地设的巨流，怎样在东亚大陆绘制兼具壮美柔美的自然风貌；

一群勤勉聪慧的先民，怎样筚路蓝缕，以启山林，开创丰厚优雅的人文历史。

（作者系长江文明馆名誉馆长、武汉大学人文社科资深教授）

一馆览长江 水利写文明
（代序二）

钮新强

“你从雪山走来，春潮是你的风采；你向东海奔去，惊涛是你的气概……”一首《长江之歌》响彻华夏，唱出中华儿女赞美长江、依恋长江的深厚情感。

深厚的情感根植于对长江的热爱。翻阅长江，她横贯神州6300千米，蕴藏了全国1/3的水资源、3/5的水能资源，流域人口和生产总值均超过全国的40%；她冬寒夏热，四季分明，沿神奇的北纬30°延伸，形成了巨大的动植物基因库，蕴育了发达的农业，鱼儿欢腾粮满仓的盛景处处可现；她有上海、武汉、重庆、成都等国之重镇，现代人类文明聚集地如颗颗明珠撒于长江之滨；她有神奇九寨、长江三峡、神农架等旅游胜地，多少享誉世界的瑰丽美景纳入其中；她令李白、范仲淹、苏轼等无数文人墨客浮想联翩，写下无数赞美的词赋，留下千古诗情。

长江两岸中华儿女繁衍生息几千年，勤劳、勇敢、智慧，用双手创造了令世人瞩目的巴蜀文明、楚文明及吴越文明。这些文明如浩浩荡荡的长江之水，生生不息，成为中华文明重要组成部分。

人类认识和开发利用长江的历史，就是一部兴利除弊的发展史，也是长江文明得以丰富与传承的重要基石。据史料记载，自汉代到清代的2100年间，长江平均不到十年就有一次洪水大泛滥，历代的兴衰同水的涨落息息相关。治国先必治水，成为先祖留给我们的古训。

为抵御岷江洪患，李冰父子筑都江堰，工程与自然的和谐统一，成就了千年不朽，成都平原从此“水旱从人、不知饥馑”,天府之国人人神往。

一条京杭大运河，让两岸世世代代的子孙受惠千年。今天，部分河段化身为南水北调东线调水的主要通道，再添新活力，大运河成为连接古今的南北大命脉。

新中国成立以后，百废待兴，党和政府把治水作为治国之大计，长江的治理开发迎来崭新的时代。万里长江，险在荆江。1953年完建的荆江分洪工程三次开闸分洪，抗击1954年大洪水，确保了荆江大堤及两岸人民安全。面对’54洪魔带来的巨大创伤，长江水利人开启长江流域综合规划，与时俱进，历经3轮大编绘，使之成为指导长江治理开发的纲领性文件。

“南方水多，北方水少，能不能从南方借点水给北方？”毛泽东半个多世纪前的伟大构想，是一个多么漫长的期盼与等待呀。南水北调的蓝图，在几代长江水利人无悔选择、默默坚守、创新创造中终于梦想成真，清澈甘甜的长江水在“人造天河”里欢悦北去，源源不断地流向广袤、干渴的华北平原，流向首都北京，流向无数北方人的灵魂里。

新中国成立以来，从长江水利人手中，长江流域诞生了新中国第一座大型水利工程——丹江口水利枢纽工程、万里长江第一坝——葛洲坝工程、世界最大的水利枢纽——三峡工程。与此同时，沉睡万年的大小江河也被一条条唤醒，以清江水布垭、隔河岩等为代表的水利工程星罗棋布，嵌珠镶玉。这是多么艰巨而充满挑战、闪烁智慧的治水历程!也只有在这条巨川之上，才能演绎出如此壮阔的治水奇观，孕育出如此辉煌的水利文明，为古老的长江文明注入新的动力!

当前，长江经济带战略、京津冀协同发展战略及一带一路建设正加推提速，长江因其特殊的地理位置与优质的资源禀赋与三大战略（建设）息息相关，长江流域能否健康发展关系着三大战略（建设）的成败。因此，长江承载的不仅是流域内的百姓富强梦，更是中华民族的伟大复兴梦。长江无愧于中华民族母亲河的称号，她的未来价值无限，魅力永恒。

武汉把长江文明馆落户于第十届园博会园区的核心区，塑造成为园博会的文化制高点和园博园的精神内核，这寄托着武汉对长江的无比敬重与无限珍爱。可以想象，长江文明馆开放之时，来自五湖四海的人们定将发出无比的惊叹：一座长江文明馆，半部中国文明史。

（作者系长江文明馆名誉馆长，中国工程院院士、长江勘测规划设计研究院院长）

前　言

中国流传着一个十分古老的神话：人类是女娲用黄土和水捏塑出来的。她所做的最伟大的两件事，一是炼石补天，一是抟土造人。

据说，女娲长得人首蛇身，十分奇异，且法力无穷，一天之内就有七十变。先时盘古开天辟地，因用力过猛，不小心把天捅了个大窟窿。倾泻而下的茫茫大水，顷刻使世界成为汪洋。依《淮南子》一书所说，是“四极废，九州裂，天不兼覆，地不周载”。这个环境，只有鱼类才能生存。还是天降女娲，找来五色美石，补住天漏，才让世界有了陆地。然后她和水揉泥，捏塑出人类并赋予其生命力。她与伏羲兄妹相婚，教人类结网渔猎，开始了全新的生活。为此，她被奉为人类的始祖。

能补天漏的五色美石，人们称之为宝玉——清人曹雪芹的《红楼梦》，就是这样说的；捏塑人形的泥土，自然就是制作陶瓷的原料了。拔开神话表象，它无疑是说：玉石与陶瓷，是成就人类文明的重要元素！

确实，万千年来奔腾不息的长江，以甜蜜乳汁浇灌出无数花朵。灿然夺目的玉石陶瓷，就是百花园中绚丽的几枝。它们灵光闪烁、多姿多彩，婀娜如多情的处子；它们芳馨四

溢，随着和风飘荡在茫茫时空，飘向我们的心扉。

长江流域的玉石器，质与形完美结合，展示出一个至高至善的境界，上达天际而下至人寰；可以和“四大发明”媲美的长江陶瓷，让我们赢得了“陶瓷之国”的盛誉。山间顽石与沉实泥土，一变而成高悬长空的艺术彩虹，博得世人的普遍喜爱，确是一个佳话千古的奇迹。它们精美的造型与纹饰，充分显示了长江人的创造才华。赏心悦目之余，还有流云般无尽的启迪与思索。它们展示的，是曲折漫长的辛劳，超然无比的智慧，百折不挠的信念，一往无前的勇气。面对它们，我们只有对数千年文明无尽的骄傲与自豪，以及对祖先加倍的钦佩与崇敬！

目 录

琳琅源流

它资质瑰丽，融汇了天地精蕴；巧工雕琢，寄存着长江人秀美灵气。人与自然和谐相处，衍生出了神奇的玉石器。人们赞誉它高洁无瑕，其实是追求自身道德的完美；探求它演变的脉络，却是在追求美的历程。

纵观几千年长江流域玉石器的发展，漫长而又曲折。大体上，从远古到距今约 5000 年，为滥觞期；从此而到距今 4200 年左右，为繁荣期；此后一度衰落，到春秋战国乃至秦汉才再度繁荣；三国以后发展缓慢，直至唐宋明清才形成又一个高峰期。公元 1840 年以后，因受外国列强欺凌，玉石制作奄奄一息。新中国成立后，则复兴而走向蓬勃发展。这构成了长江文化乃至中华民族文化发展的一个缩影。

从石头开始的人类文明

人猿相揖别，
只几个石头磨过，
小儿时节。

伟人毛泽东《咏史》词句，隽永而又深刻。劳动创造了人，人与猿的根本区别在于能制造工具，人类文明是从石器时代开始的，这样一些历史唯物主义的重要观点，寥寥十余字，便悉数点破，让人回味无穷。

人是从猿进化来的。猿也能使用石头、树枝之类的自然工具，但它们不会制造工具。从猿到人的进化过程，就是学会制作和使用工具的过程。人类童年，风化未开，只能就地取材，选取一些石块，用于采集植物和猎取禽兽。这些石块中，自然包含着一些现在认为是玉石的美石。这种美石，因为质地坚硬、外表美观、经久耐用，人们于是油然而生喜爱与珍惜之情，并进而钻孔穿绳，随身携带。久而久之，人们就积累了一定的经验，能够识别、使用和珍藏玉石制品。从这时起，人类就有了最初的玉器。

早期玉器、石器都是打制品，其种类有较大的砍砸器、尖状器，片状的切割器、刮削器等。在长江流城，最早的石器发现于云南元谋。

明崇祯十一年（公元 1638 年）十二月，著名地理学家徐霞客游至云南元谋土林，称其地景色绝妙：“涉枯涧，乃蹑坡上。其坡突石，皆金沙烨烨，如云母堆叠，而黄映有光。时日色渐开，蹑其上，如身在祥云金粟中也。”他阅历丰富，学识渊博，却做梦也没想到，这一带竟是中华民族最古老的祖先栖居之所。

1965年，古人类学者到元谋上那蚌村附近考察。他们在一位牧牛老人的指点下，在村西约1公里的山沟里发现了云南马化石，接着又发现了两颗人类的门齿化石。学者将化石带回北京，经中国地质科学院学者鉴定后，结果引起了世界轰动——这就是著名的元谋人！利用古地磁法测定，元谋人的时代为距今160万年左右。尽管这一年代数据在学术界仍有争议，但其为目前所知中国人最古老祖先的观念已经深入人心。

「元谋人想象复原头像」

「博物馆内陈列的元谋人门牙与打制石器」

元谋人，是目前我国已知最早的远古居民，因发现地点在云南元谋县上那蚌村西北小山岗上，定名为“元谋直立人”，俗称“元谋人”。1976年根据古地磁学方法测定，生活年代约为160万年前，差距最多不超过前后10万年(也有学者认为其年代不应超过73万年)。

在此之后，科学家又对元谋人化石地点及整个元谋盆地进行了多次考察。在元谋人化石地点，发现了7件石器、大量炭屑和近30种哺乳动物化石。石器中，有4件是用石英岩打制的刮削器。另外，在元谋盆地西边的龙川江右岸的四家村、下柳棋、新村、老鸦塘等处，都有旧石器发现，其形态均较原始。因此有学者认为，元谋人石器是我国目前所发现的时代最早的石器。

贵州黔西县观音洞文化遗址，其时代与著名的北京人相当，距今40

「江陵鸡公山旧石器遗址」

万~50万年。在这个洞穴遗址中，出土了3000余件石制品。石器的原料大部分为燧石，种类有刮削器、砍砸器、尖状器等，另有少量雕刻器。这些石器大小悬殊，形状不甚规整，但往往经过仔细的修整。

像这种打制石器，在贵州桐梓、水城硝灰洞、兴义猫猫洞，云南呈贡龙潭山、路南、丽江，四川富林、铜梁，湖北大冶章山石龙洞，湖南澧水流域、沅水流域，江苏连云港将军崖等地，都有不少发现。

值得一提的，是湖北江陵鸡公山旧石器时代文化遗址的重要发现。

江陵鸡公山旧石器遗址距今1万~5万年，在这里发现了数以万计的石制品，清理出古人类的居住活动面。石器岩性主要为石英岩、石英砂岩、花岗岩，另有少量的燧石。器形有砍斫器、尖状器、刮削器、石锤、石钻等。其中双向砍斫器和三棱尖状器，砾石制成的石锤、石钻很具特色。鸡公山遗址因为首次填补了中国旧石器时代平原居住遗址的空白，并将人类开发江汉平原的历史提早到距今4万~5万年，因而在1992年被评为中国当年度十大考古发现之一。

从石打石到石磨石，人类经过了数百万年的艰苦历程。最早的磨制石器，在北方地区出现的时间为距今2万~3万年。山西朔县峙峪遗址出土的一件石装饰品，两面扁平，一面磨光，中有一个可供系绳的小孔。仅此小孔和一面磨光，便预示了一个崭新的时代——新石器时代即将到来。18000年前的北京山顶洞人，已经用穿孔的兽牙，海钳子壳，钻

「江西万年吊桶环遗址1999年发掘现场」

孔的小石球、小石珠等作为装饰品。其较峙峪地区的古人类又向前迈进了一步。在长江流域，距今约 2 万至 9000 年的江西万年仙人洞、吊桶环遗址，湖南道县玉蟾岩遗址，浙江浦江上山遗址等，表明当时已经跨入了新石器时代早期的行列。这些遗址的地层堆积，涵盖了由旧石器时代末期向新石器时代早期过渡的地层序列，对于研究人类如何由旧石器时代过渡到新石器时代，提供了一个完整的文化演进过程。吊桶环遗址出土有锥、针、凿、刀、镞、鱼镖、矛形器等磨制的骨角器，还有打制石器与磨制的石凿、石斧等并出，以及数百件早期陶器。磨制石器和陶器，是新石器时代最典型的物质标志。

打制石器与磨制石器共同存在，在长江流域新石器时代前期诸文化遗存中，是一个颇为普遍的现象。湖南境内的彭头山文化、石门皂市下层文化、湖北三峡地区的城背溪文化都是如此。越往后，打制石器所占的比例越小。至距今 6000 年左右，长江中下游地区已经较难见到打制的石器了。但是，由于地区发展的不平衡，到四五千年以前甚至更晚，在长江上游地区仍然可以见到打制的石器。

打制石器的使用，是人类在十分艰难的生产条件下，为了征服自然而迈出的最初同时也是最勇敢的一步，表明了人类所具有的相对于客观自然的主观能动性，无异于宣告自己将最终成为世界的主人。

新石器，又叫磨制石器，指的是经人工琢磨的石器。就最广泛的意义而言，我们今天仍在大量使用的玉器及各种石制品，都应该属于它的范畴。但是，历史上的新石器时代，是特指用磨制石器作为主要生产工具的时代，是相对于用旧石器（打制石器）、青铜器、铁器等作为主要生产工具的几个时代而言的。

新石器时代，是以使用磨制石器为标志的人类物质文化发展阶段。这个时代在地质年代上已进入全新世，继旧石器时代之后，或经过中石器时代的过渡而发展起来，属于石器时代的后期。新石器时代大约从 1 万年前开始，结束时间从距今 5000 多年至 2000 多年。

旧石器时代，距今约300万年至1万年，以使用打制石器为标志的人类物质文化发展阶段。地质时代属于上新世晚期更新世。由于地域和时代不同，以及发展的不平衡性，各地区的文化面貌存在着相当大的差异。

新石器时代与旧石器时代相比，在社会经济发展程度上有着翻天覆地的变化。旧石器时代人们只能从事采集与捕捞，住所也不固定，而新石器时代人们已经定居，有了农业与最初的手工业，种植，捕捞，饲养家畜，烧造陶器，过上了较先前舒适得多的日子。正是在这种农业定居的社会生活环境中，才首先迸射出人类文明的火花。看似平常的磨制石器，其实有着深邃的不可低估的伟力。

长江流域新石器时代的磨制石器，遍布上、中、下游各个地区。下游太湖和杭州湾地区有河姆渡文化—马家浜文化—崧泽文化—良渚文化系列，南京地区有北阴阳营文化，安徽南部与湖北东部有薛家岗文化；中游的江西有万年仙人洞文化和山背文化，江汉地区与洞庭湖一带有彭头山文化—皂市下层文化及城背溪文化—大溪文化—屈家岭文化—石家河文化的完整系列；长江上游四川、重庆一带，新石器时代较早遗存分别受关中地区仰韶文化、江汉平原大溪文化的影响较大，至龙山文化阶段，则在成都平原产生了宝墩文化。各文化磨制石器的风格特征，虽然有着细微的差异，但总体上却是接近的。种类主要有斧（锛、铲）、凿、刀、镰、锄等。大约以距今6000年为界，可以将上述诸文化分为早晚两期。早期的石器磨制粗糙，在一些部位可以看到比较清楚的打制痕迹。一些器物的穿孔，也是采用原始的手持坚硬的矿物或骨管、竹管之类钻出来的。到了晚期，除了继续存在早期使用的磨制方法外，有些器物可能已采用比较先进的工艺技法。例如武昌放鹰台屈家岭文化晚期墓葬中出土的扁平石钺，

「武昌放鹰台出土屈家岭文化磨制穿孔石钺」

厚度不足1厘米，两边十分平整光洁。它的石质比较坚硬，若用打制加磨制的技法，很难达到如此效果，很可能是运用截锯的方法制取石坯的。而这种截锯的工具，有可能和良渚文化制取玉石器坯料的工具相似，那就是最古老的砣具。砣具的产生给石器制作带来了活力，开创了玉石器制作的新纪元。

蔚为奇观的新石器时代玉石器

玉石器的制作，是从石器制作中逐步分离出来的。长江流域的新石器时代玉石制品，在长江中游的大溪文化、石家河文化及薛家岗文化，下游的河姆渡文化、马家浜文化、良渚文化等遗存中都见有，而以良渚文化最为有名。

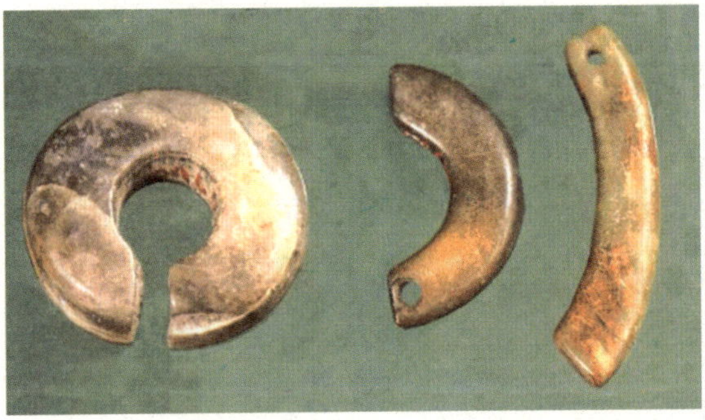

「河姆渡文化玉玦、玉璜」

长江下游地区，河姆渡文化中已有璜、玦、管、珠、坠等小件玉饰出土，马家浜文化则沿袭其旧。到崧泽文化，则增加了璧及一些近似鱼、鸟形状的小件。又因当时已在农业生产中使用了石犁，玉饰中随之出现了那种和犁头相似的小型挂件。良渚文化承此余绪，将玉器制作发扬光大而推进到一个前所未有的高度。

「马家浜文化玛瑙玦」

「崧泽文化玉环」

「崧泽文化玉璧」

良渚文化玉器，大约在宋代就有发现，并因其珍美而受到人们的相当重视。现存宋代龙泉窑器，就有仿良渚玉琮的瓷质琮式瓶，另外还见有在良渚玉琮形制基础上琢制的宋代石琮。

「崧泽文化玉璜」

良渚文化因浙江杭州市余杭县良渚遗址而得名。主要分布在太湖地区，南以钱塘江为界，西北至江苏常州市一带，并有部分跨越了江苏境内的长江北岸。该文化遗址以所出土玉器闻名。它与河姆渡文化、马家浜文化、崧泽文化一脉相承，直接由崧泽文化演变而来。

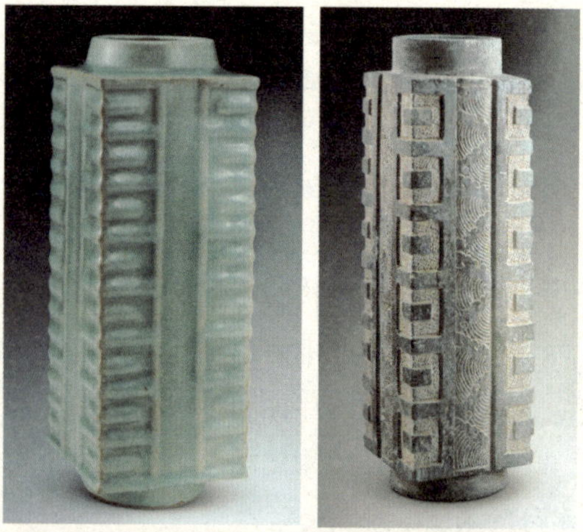
「四川遂宁南宋窖藏出土龙泉窑琮式瓶与石琮」

「故宫博物院藏乾隆御题诗文良渚文化玉琮」

清代发现的良渚玉更多。故宫博物院收藏的几件良渚文化玉琮，其中一件上就刻有乾隆御题诗。其云：“虽曰饰竿琳与琅，置肩觑舫(音yǎo qiào)孰能当。近经细绎辋头错，遂以成吟一再详。”署有“乾隆癸丑春御题”、“八徵耄念”、“自强不息”等。乾隆癸丑年即公元1793年。从诗文看，当时无人识得此玉琮是何时之物，更不知它是何用途。这首诗中，“饰竿”即“稀罕”，“觑舫”是“不安”的意思，“绎”是分析、研究，“辋头错”指车辖上的饰物。全诗大意是说，这虽然是件非常罕见的琳琅美玉，但带给我的不安不是一般人能够承受的，因为没人知道它是件什么东西；近来经过仔细分析，认定它是古人车轮上的装饰品，因此写下此诗供人参考。乾隆命人铭刻后，又配上掐丝珐琅铜胆，用于盛水育花，置于室内以表幽雅。现在看来，他有关车饰的认识是错的——琮本是一种礼器，与车轮装饰毫不相干。不过，他的责任意识与钻研精神，却也难能可贵。

「良渚文化玉璧及刻划图形」

清末吴大澂《古玉图考》，亦著录数件属于良渚文化的玉琮。我国台湾学者邓淑苹在《中华五千年文物集刊·玉器篇一》中谈到：“浙江杭县的良渚、安溪、瓶窑一带，清末即以出土古玉器闻名，为古董商蜂集之处，当时许多古玉都卖到国外收藏家之手。”现美国弗利尔美术馆收藏的一件琢有“四季物象图”的良渚文化玉璧，有可能就是那时流出国外的。20 世纪30 年代，施昕更等学者到良渚进行考古发掘，获得了不少科学资料，整理出版了《良渚》一书。从此才让世人确切明白了良渚玉器的出土地点及其时代。

新中国成立后，由于基本建设工程的推动，浙江余杭瑶山、反山，上海青浦福泉山，江苏武进寺墩，吴县草鞋山、张陵山、昆山、少卿山，吴兴钱山漾，江阴高城墩，苏州越城，常熟三条桥、黄土山等处，都出土有不少良渚文化玉器。其中以余杭良渚一带所出最为丰富精美。武进寺墩 3 号墓，时代约距今 4500 年，墓主为一 20 岁左右的青年男性，其随葬陶器 4 件，石器 9 件，玉器 111 件，其中包括玉璧 24 件，玉琮 33 件。上海青浦福泉山发掘良渚文化墓葬 10 座，属于中期的一座出土随葬品 119 件，其中陶器 2 件，石器 9 件，象牙器 1 件，玉器 107 件。1987 年在余杭瑶山良渚文化祭坛遗址上清理墓葬 11 座，共出土玉器 635 件。另外，此地被盗的第 12 号墓，收集到的玉器就达 344 件。1986 年在余杭反山发掘良渚文化墓葬 11 座，其中第 18 号墓出玉器 39（件、组），以单位计为 64 件；第 22 号墓有嵌玉漆器、嵌玉象牙器，另有玉器 60（件、组），单件计为

193件；最大的第20号墓有玉器170（件、组），以单件计为511件，另有象牙器9件和1件鲨鱼牙齿及石器、陶器等。1991年余杭汇观山又发现良渚文化祭坛一处，墓葬4座，出土玉器200余件。各地发现层出不穷，极大丰富了相关的研究资料，使人们对其认识越来越深入。

玉璧，是中国古代民族用于祭祀的玉质环状物，凡半径是空半径的三倍的环状玉器称为璧。也有出廓璧，即在圆形轮廓外雕有龙形或其他形状的钮。

良渚文化玉器的种类很多，有穿孔玉斧（铲、钺）、刀、纺轮、璧、琮、璜、环、珠、管、觿、锥、笄、坠、带钩、杖首饰、冠状饰、杂佩及玉鸟、蝉、蛙、鱼等象生器，类别多达20~30种。其中玉琮、杖首饰、冠状饰等属良渚文化首创。它们琢刻精细，多经抛光处理。不少器物上有多种纹饰。有粗细、深浅不同的阴线弦纹与剔地阳纹，也有富于变化的云雷纹、兽面纹、象纹、鸟纹、弧线纹、圆圈纹、几何纹等。琮、钺、镯、璜、冠状饰上出现人面神像。1982年福泉山出土的一件玉琮，除兽面纹外，还分别刻划出16只展翅欲飞的小鸟，小鸟的眼睛、翅膀、尖喙刻纹流畅，并以纤细的几何形纹饰代为鸟羽。一些玉冠状饰、璜等，还采用了透雕与阴线琢刻结合的手法。

「良渚文化玉钺及上面刻划的神人图案」

玉琮，是一种内圆外方的筒形玉器，是中国古代民族重要礼器之一。最早的玉琮见于安徽潜山薛家岗第三期文化，距今约5100年。

良渚文化玉器中，数量多而且最醒目的器物是璧和琮。武进寺墩出土的一件软玉玉璧，外廓直径26.2厘米，厚仅1厘米，圆周中规而两面中矩。与此璧同出的一件软玉玉琮，高达33.5厘米，方体柱状，从两端对钻出圆

「良渚文化透雕玉冠状饰」

「良渚文化大玉琮，1986年浙江余杭反山墓地出土，高8.8厘米，最大射径17.6厘米，孔径4.9厘米；型体宽大，重达6500克，堪称“琮王”」

孔。中国历史博物馆收藏的一件良渚文化玉琮，高达49.2厘米，方柱体，上端宽6.4厘米，下端宽5.6厘米，两端对钻圆孔。又有一些玉器，因其钻孔小而令人惊叹。寺墩出土的一件玉琮，内壁钻孔仅留有0.5~1毫米的钻槽，一些珠、管、坠上的穿缀孔也大都为1毫米左右的直径。像这样高精度的切割与钻孔，薄大而平整、厚重且见方的玉器，即使今天机械加工也不容易，因而让人感到有点不可思议。

大溪文化一些玉璜的外缘有锯齿状的纹饰，另有浮雕人面形的小佩饰及人形圆雕，均精美且颇有特色。桂花树遗址出土的玉刀，厚仅2毫米，厚薄非常均匀，器形也极规整。这样的琢玉，与同时期长江下游地区马家浜文化及崧泽文化前期的玉器相比，显得更有生气。

「大溪文化玉人面饰与圆雕玉人」

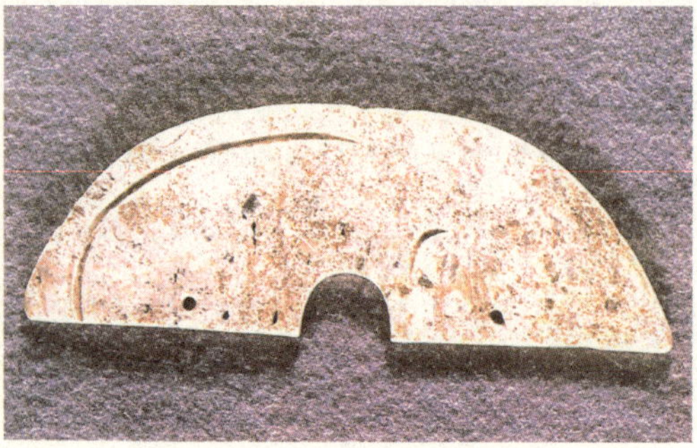

「大溪文化玉璜」

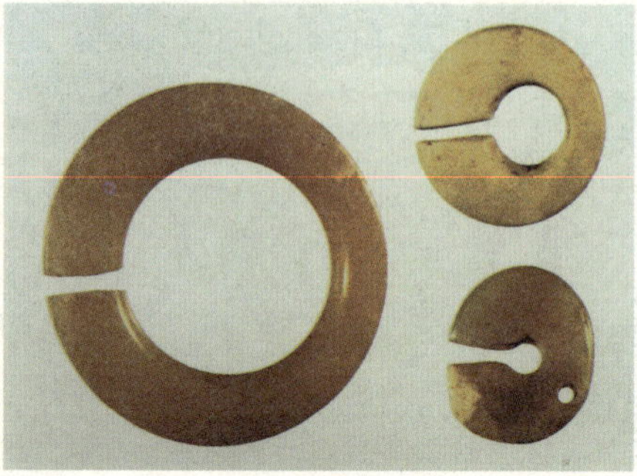

「大溪文化玉玦」

大溪文化是一种新石器文化，距今年代6300—5000年。主要分布在洞庭湖西北侧至江汉平原，以及三峡地区。大溪文化玉器是目前长江中游地区所见到的时代最早的玉器。其在重庆巫山大溪，湖北、湖南北部都有出土。玉器的种类有璧、环、璜、玦、镯、坠、刀等。

屈家岭文化承大溪文化发展而来，分布地域也大致相同，但出土的玉器很少。种类有铲、锛及璜、珠之类。从道理上说，屈家岭文化玉器制作应较大溪文化更先进，所见甚少当另有原因，可能与尚未发掘到屈家岭文化大墓有关。

石家河文化主要分布在湖南北部与湖北大部，江汉平原为其中心区域，距今年代4600—4100年。玉器出土地点有湖北天门石家河、钟祥六合、江陵枣林岗，湖南澧县孙家岗等。石家河肖家屋脊遗址的一座瓮棺葬，出土玉器56件，是石家河文化中出土玉器最多的墓葬。玉器种类有琮、璧、璜、笄及人面饰、龙、凤、鸟、蝉等。琢刻上采用了圆雕、浮雕和透雕工艺。

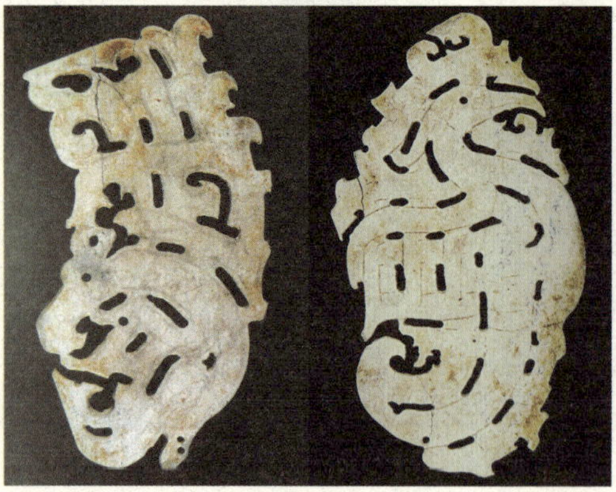

「石家河文化玉龙凤佩」

浙江省文物考古研究所牟永抗先生与荆州博馆张绪球先生认为，石家河文化玉器与良渚玉器一样，都使用了金属砣具，用于切割玉料、钻孔和琢刻纹饰。

石家河出土的一件凤鸟环，运用透雕与浮雕手法，琢刻出一只首尾相衔的凤鸟，形象十分生动。澧县孙家岗出土的一对龙凤玉饰，精致程度甚至可以与战国玉器媲美。

石家河文化玉器，没有良渚文化那样的大件器，而以精巧玲珑著称。其中数量较多的人面形玉饰，正是沿袭大溪文化而来的一种独特传统。玉龙、玉凤之类少见于良渚文化，是本地区玉器的一个重要特色；玉琮数量少、形体小，应是从良渚文化传播而来，或者说是受良渚文化影响而在本地制作的。

石家河文化，是新石器时代向青铜时代过渡时期的文化，因发现于湖北省天门市石河镇而得名。该文化已经发现有青铜铜块、玉器、祭祀遗迹、类似于文字的刻划符号和城址，表明它已经迈入文明时代门槛。陶器大部分为灰色，不过也有不少红色的陶杯和陶塑。

薛家岗文化是分布于安徽及湖北东部地区的一支重要的考古学文化。这一文化的中晚期有较多玉器。出土地点主要有安徽潜山薛家岗、宿县黄鳝嘴、含山凌家滩、萧县金寨村，湖北黄梅陆墩等遗址。含山凌家滩 4 号墓，出土玉器 96 件，石器 27 件；1 号墓也出玉器 9 件。玉器种类有琮、璧、璜、镯、笄、管、珠等。该地一件玉人像，比例准确，五官匀称，头戴扁冠，体态完美而有古拙之风。一件玉龟中夹一块长方形玉片。玉片上

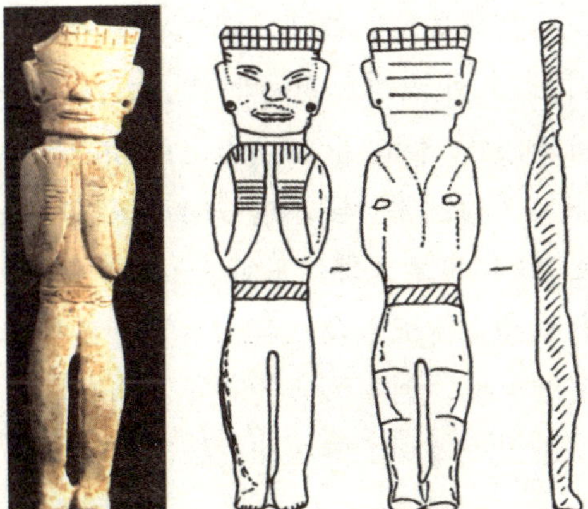

「薛家岗文化玉人」

「薛家岗文化八卦形图案玉片」

有大小相套两个圆圈，小圈内刻方心八角形图案，内外圈之间又有八条直线将圆周分为八等份，每份中各刻一个向外指示的箭头，外圆向玉片四角也刻有箭头。有学者研究认为，这块玉片的图案与古代的河图、洛书及八卦有关，是一件反映当时历法的重要文物。这类玉片不见于其他文化，可以算是薛家岗文化的特色器之一。

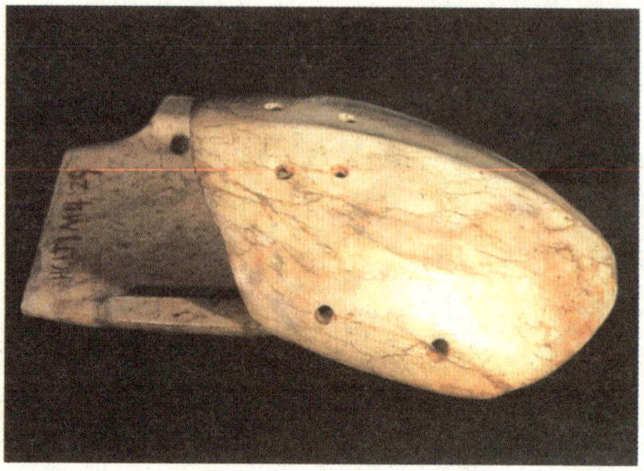

「薛家岗文化玉龟，龟背隆起，下腹较平，上面穿孔供系带所用，出土时它与八卦形玉片同在一处，表明为配套使用；它们当为占卜工具，是人们信仰及统治者神权的重要象征」

薛家岗文化，中国新石器时代文化之一。因1979年发现于安徽潜山县薛家岗遗址而得名。主要分布在大别山以东、巢湖以西的江淮之间，扩及鄂东和赣北部分地区。

通过上面介绍，我们知道良渚文化、石家河文化以及薛家岗文化中、晚期，都存在大量的玉器，种类丰富，琢刻精致。《越绝书》引风胡子的话说：“轩辕、神农、赫胥之时，以石为兵；黄帝之时，以玉为兵；禹穴之时，以铜为兵；当此之时，作铁为兵。”所谓兵，是指兵器。用玉作兵器，较早见于黄河流域的陕西石峁龙山文化遗址，长江流域也有良渚文化的玉钺之类。这说明《越绝书》的记载并非虚语。黄帝时代，大约距今4500年，与良渚文化、龙山文化在时间上大体吻合。从《史记·五帝本纪》等考察，当时中国已经处于早期国家文明的创建阶段。这一时期玉器在长江流域大量出现，并不是偶然的现象。类似良渚玉琮、玉钺、玉冠状饰等，以及其上琢刻的兽面与神人图案，薛家岗文化玉龟及八卦图案等，其实都是人们信仰与权力的象征。它是文明的象征，国家形成的曙光。新石器时代的玉石文化传统，在后来社会发展进程中得到了继承和发扬，构成了中国数千年古老文明的一个重要特色。

富有军事色彩的商周玉石器

以玉石精美著称的良渚文化，在距今4200年左右突然中断，神话般地在本地区消失得无影无踪。就在此时，安徽一带的薛家岗文化也遭受了同样的命运。较它们略晚，在距今4100年左右，石家河文化的发展历程也被打断。于是，整个长江中下游地区的广阔地带，一度繁荣的玉石文明衰落，并暂时出现了空白。

这种中断、这种空白，与当时中国境内整个历史的发展进程有着非常密切的关联。在此之前，长江与黄河中下游地区，大致存在着四个较大的部族集团：黄河中游地区有以河南龙山文化为代表的华夏集团，黄帝、颛顼、唐尧、虞舜等是他们的著名首领。下游及海滨有以山东龙山文化为代表的东夷集团，太昊、少昊、风伯等是其著名首领。长江中游有以石家河文化为代表的三苗集团，帝江等应属其著名首领。下游地区有以良渚文化、薛家岗文化为代表的九黎集团，蚩尤、共工等为其著名首领。这些部族集团，都有可能建立了最初形态的国家政权。在将近1000年的时间里，长江流域和黄河流域两大文明之间，经常发生冲突。反映在传说中，著名的就有黄帝与蚩尤的战争，颛顼、尧、舜与共工的战争，尧、舜、禹对三苗的战争。

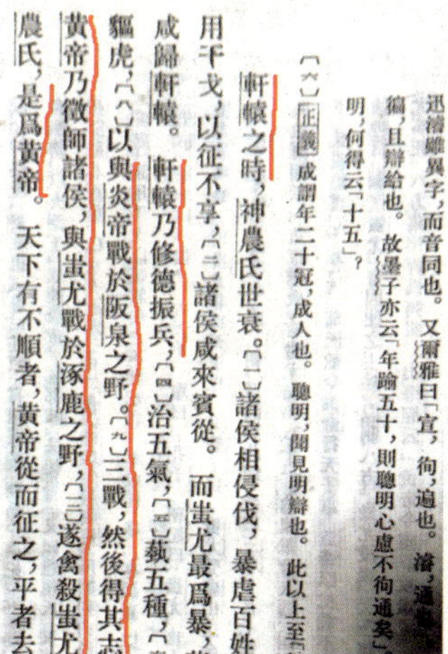
迅濬雖異字，而音同也。又爾雅曰「宣，徇，遍也。濬，通
徧，且辯給也。故墨子亦云「年踰五十，則聰明心慮不徇通矣」。
明，何得云「十五」？
〔六〕正義 成謂年二十冠，成人也。聰明，聞見明辯也。此以上至「軒
軒轅之時，神農氏世衰。〔一〕諸侯相侵伐，暴虐百姓，
用干戈，以征不享，〔三〕諸侯咸來賓從。而蚩尤最爲暴，莫
咸歸軒轅。軒轅乃修德振兵，〔四〕治五氣，〔五〕蓺五種，〔六〕
貙虎，〔八〕以與炎帝戰於阪泉之野。〔九〕三戰，然後得其志。
黃帝乃徵師諸侯，與蚩尤戰於涿鹿之野，〔三〕遂禽殺蚩尤。
農氏，是爲黃帝。天下有不順者，黃帝從而征之，平者去之
〔一〕集解 皇甫謐曰「易稱庖犧氏沒，神農氏作，是爲炎帝。」班固曰「
五帝本紀第一

「《史记》有关炎黄之争、黄帝与蚩尤之争的记述(片断)」

在蚩尤时代，九黎曾向北扩展，一度灭掉了东夷，继之而与黄帝为首的华夏集团发生激战。结果是以蚩尤的失败而告终，并且导致华夏和东夷结成强大的军事同盟。蚩尤死后，共工继承了他的事业，并试图向北扩张，但都遭到了失败。在距今4200年左右，华夏集团结集各方面力量，对九黎部族共工集团发动全面进攻，使九黎遭受了毁灭性打击，不得不退出太湖及杭州湾地区，而向南方转移。福建一带石峡文化的玉石器，正是由九黎传播来的，因而

具有良渚文化的浓厚特征。九黎一部则有可能逃往四川盆地暂时避难，一部则成为华夏族的俘虏——四川盆地商周时期三星堆文化、金沙遗址文化中具良渚文化风格的玉璧、玉环、玉琮、玉箍形器、玉锥形器等，正是这一部分人琢制或直接从良渚文化的老家携带而来的。

金沙遗址，是位于成都市城西苏坡乡金沙村一处商周时代遗址，是公元前12世纪—公元前7世纪长江上游古代文明中心——古蜀王国的都邑。遗址出土了世界上同一时期遗址中最为密集的象牙、数量最为丰富的金器和玉器。其中最富盛名的是太阳神鸟金箔。

「玉琮，左为新石器时代良渚文化遗址出土，右为西周早期成都金沙遗址出土」

炎帝本来属于华夏集团，但是在华夏集团内部的统一进程中，他遭到了黄帝的排斥。黄、炎之争就是华夏集团内部的权力之争。结果是炎帝失败，被迫南移入长江中游地区，与当地的三苗部族结合，共同创造了高度发达的石家河文化（也有可能炎帝是华夏族较早进入长江中游的人物，在长期经营南方后而与原部族发生了冲突）。石家河文化城址的特点、文字的体系、陶器的风格，都具有相当浓厚的中原文化因素，就是由这样一种历史背景决定的。在距今4100年左右，舜、禹挥师南下，与三苗激战。三苗战败而向西、南转移，石家河文化发展的正常历程就被打断了。正是因为历史格局的空前变化，才导致了上述现象的产生。

商与西周时期，长江中、下游大部分地区，基本上属于中原华夏集团的势力范围。当时的玉器制作，一般控制于王室手中。因此，当时本地区下层人们使用的工具，很少有青铜器，主要是新石器时代常用的磨制石器，并且，磨制方法相当陈旧，大概和新石器时代前期差不多，几乎都可见到打制时留下的痕迹，虽经研磨仍显粗糙和凹凸不平。所见玉器甚少，且一般只见于中原商周贵族活动过的遗址与其墓葬之中。湖北黄陂盘龙城、江

「湖北黄陂盘龙城遗址出土商代前期大玉戈」

「湖北黄陂盘龙城遗址出土商代前期玉剑（柄形器）」

「江西新干大洋洲商代墓出土的玉剑（柄形器），它只有带鞘铜剑的外形而无搏杀的实际功能，同样是军事统率权的象征」

西新干大洋洲等地出土商代玉器，乃至本地区的西周时期玉器，种类、形制，大都与中原地区相同，属于一种军事特征非常明显的玉石文化。其中最典型的玉器，一是玉剑（考古界一般称为“玉柄形器”），一是玉斧（玉钺、玉戚）、玉戈。它们多呈条状、尖状，上面绝少纹饰，数量相对丰富。这与新石器时代晚期长江中下游玉器多玉璧、玉琮一类礼器与其他装饰品，以及多透雕、浮雕装饰图案等，是完全不同的风格。

黄陂盘龙城遗址出土的玉器，属于商代前期。玉器种类很少，只有玉“柄形器”（玉剑）、玉戈、雕刀、玉笄及一些小的饰件。相距不远的黄陂中分卫湾，采集有玉铲、戈、环等；江西新干大洋洲商代墓玉器种类与黄陂差不多。此外，湖南石门桅岗村、宁乡黄材，衡阳杏花村，安徽潜山薛家岗等地，也有少量商代玉器出土。这些玉器大都是中原特色，只有玉玦琢成斜边状，为湖南所出，稍带地方特点。盘龙城李家嘴 3 号墓出土的一件玉戈，长达 94 厘米、厚度则不足 1 厘米，表面光洁平整，一方面表现了商代琢玉工艺的高超水平，一方面也表现了商王室对南方炫耀武力的心态。商贵族墓中除鼎、觚、爵等青铜礼器处，还有不少青铜兵器，同样是军事实力的写照。

盘龙城遗址是中国早期城市遗址，位于湖北省武汉市黄陂区盘龙城经济开发区叶店盘龙湖畔。遗址中心区面积1.39平方千米，保护范围4平方千米。其年代上限为二里头文化期，下限相当于殷墟早期。

在盘龙城及新干大洋洲等地，除较多的玉剑、玉戈之外，也出土有少量玉装饰品。其一般带有本地区新石器时代晚期文化风格，但也不乏新的产品。盘龙城遗址出土的镶金片绿松石饰件，造型为昂首曲颈的龙形，以金片为龙目、龙唇、龙角，绿松石为龙鳞。璜形玉鱼，曲身翘尾，形象亦较生动，有很强的抽象意味。新干大洋洲商墓出土的一件神人饰件，为肉红色冻石质地的圆雕作品，通高11.5厘米，神人身高8.7厘米。神像作侧身蹲坐状，身表用浅浮雕技法。粗眉、凤眼、内勾长鼻、大耳。臂上戴有镯形饰件，双手曲于胸前托住下巴。头顶高冠，冠后以镂雕技法琢出三个链形套结。从其

「盘龙城遗址嵌金片绿松石龙形饰出土情形（局部），其原来应镶嵌于漆木器之上，这是目前所见我国时代最早的一件金玉饰件」

「盘龙城商墓中玉鱼出土情形，它为扁平玉片，有很强的抽象性」

「江西新干大洋洲商墓出土肉红彩石神人饰件」

表面光洁程度可以看出，这是该墓主人生前十分喜爱，且经常佩戴玩赏的一件物品。

公元前 11 世纪，周灭商。商人在长江流域占有的地盘，悉数落于周人之手。西周时期长江中下游出土的玉器极少，仅湖北黄陂鲁台山、武汉汉南纱帽山、安徽屯溪等地有零星发现。种类有所谓“璇玑状”的玉璧、璜、戈、钺、象生的人头饰、鸟、鱼、蚕及串珠等。这些器物的形制均与陕西、河南等地玉器相同，显然是中原风格的延续。这种情况，与中原及关中地区周人墓大量玉器的出土形成鲜明对照。玉器是地位、身份和财富的象征，具有“礼”的含义。“礼不下庶人”，当时南方民众处于周人统治之下，社会地位极低，根本不可能使用或佩带玉器。据《周礼》等文献记载，周人对玉器的制作、使用有严格规定，直接由王室控制。谁敢违反，就会背上僭越礼制的罪名，其结果可想而知。

「湖北随州叶家山 28 号西周曾侯墓出土玉凤鸟(左)及鹿形佩(右)」

与上述不同，长江三峡以西四川境内商周青铜文化则具有自己独特的风格。广汉三星堆遗址与成都金沙遗址出土的铜器和玉石器，总数达到了几万件之多。玉石制的璧、琮、斧（圭)、戈（璋）等大量出土。

三星堆遗址是四川盆地较早发现玉器的商时期文化地点。1929 年、1964 年、1974 年，三星堆一带的农民曾经三次发现埋藏大量玉石器的窖藏。仅第一次发现的玉石器就达 400 余件之多。这些玉石器中，有全国罕见的直径达 70 厘米的特大玉璧，有残存长度就达 167 厘米的特大玉璋。玉璋（戈）很有特点，前锋或作平刃，或作凹刃，或琢成鸟头形、鸟喙形，有的在体部琢出与同类器相似的花纹。这些跟中原商文化有明显区别。

「 三星堆遗址 2 号祭祀坑出土玉璧 」

「 四川省博物院藏 1929 年广汉出土玉瑗 」

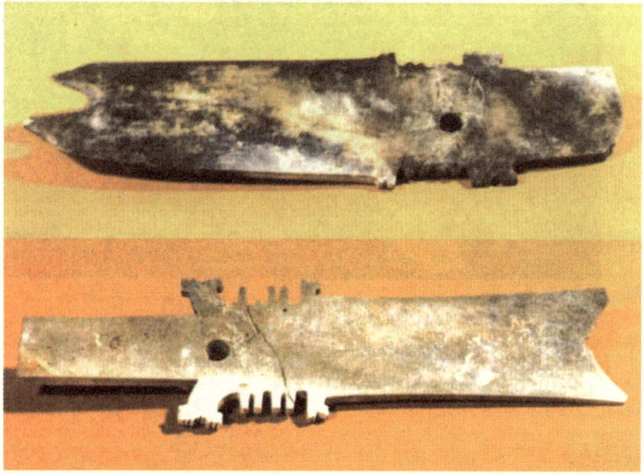

「 三星堆遗址出土的玉牙璋 」

这儿出土的用金或青铜制作的人面形装饰或人像、人头像，数量很多。有三件金面具，是用金皮制成，与真人头部大小相仿，眉、眼、口部镂空，鼻梁突出，形象逼真而生动。青铜人像或面具，单是完整的就已发现 80 余件。其中包括整体人像 10 件，头像 40 余件，面像 20 余件。三星堆 2 号祭祀坑出土的一件铜人像，身高 181.2 厘米（包括帽高 10 厘米），加上脚下底座，通高达 260 厘米。据说，这是目前全世界古代青铜人塑像中最高大的，也是现存完整的古代青铜人雕像中年代最古老的。这件铜人像手中还持有类似玉琮一样的物品。

已故北京大学教授、中国历史博物馆馆长俞伟超认为，广汉三星堆文化与石家河文化（三苗文化）之间，存在直接的渊源承袭关系。他根据古代文献推测，尧舜时期，三苗因受中原军事势力的打击，被迫迁入陇蜀之间，从而在这儿再度创造出辉煌的商时期的三星堆文化。

对俞先生的这一认识，我们深表赞同。将此地出土的青铜人面像与石家河文化的玉制人面形象比较，二者具很多共同之处。石家河肖家屋脊 6 号瓮棺出土的那件玉人面，头平、面宽、耳大，目上部线条较平而下部轮廓较凸，宽大的鼻子与口，这些特征都可在三星堆铜人面像上找到。石家河文化玉器中有较多的龙、凤及鸟类造像，而三星堆出土的大铜树上，一般都饰有盘龙、立凤、飞鸟等。这说明三星堆文化青铜艺术与石家河文化的玉器艺术极可能是一脉相承的。

「三星堆遗址出土的玉铲(上)与玉戚(下)」

此外，三星堆文化的陶器与湖南等地同期陶器之间也有相似的诸多因素，说明湖南境内的三苗后裔与四川境内的三星堆文化人群，直到商代还有较密切的联系。不过，这儿要补充的是三星堆文化的大型玉璧、玉琮（包括铜人手中所持类似玉琮的物品），可能也带有部分良渚文化的因素，因为在玉器上琢刻鸟形图案也是良渚文化的现象之一。薛家岗文化玉人和石家河文化玉人面，三星堆文化青铜人面等也有共同之处。因良渚文化、薛家岗文化的毁灭早于石家河文化，应该是它们毁灭时，有一部分九黎部族成员逃到江汉地区的三苗部族，在三苗遭受沉重打击时，则又随他们一起转移到了四川境内。所以说到底，三星堆文化融汇了长江上、中、下游古老文化的精华。既然这样，这一灿烂的古代人间奇迹的出现，就不是那么不可思议了。

「三星堆遗址出土的玉锄」

成都金沙遗址是21世纪中国第一个最为重大的考古发现，其面积达5平方公里，是世界上同时期出土古代象牙最集中的遗址之一，也是中国同时期出土金器、玉器最多的遗址之一。它承续三星堆文化，从商代晚期延续到西周乃至春秋前期。金沙遗址出土玉器，以玉琮、玉璧、玉璋、玉斧(锛、戚、钺)、玉刀、玉锥形器等为大宗。已发现的玉琮，就达27件之

「金沙遗址出土玉琮(左)与兽面纹玉斧(右)」

多，是良渚以外地区出土玉琮最多的地点。

金沙遗址玉器与三星堆文化玉器一样，具有这样两个明显特点：

第一，玉琮、玉璧、玉环、玉钺、玉锥形器等，形制与良渚文化所出极为相似，很可能就是该文化的遗存物品，或者是为保持这种风格特点而在本地重新琢制的。这表明该文化与长江中下游新石器文化之间，存在千丝万缕的联系。

「金沙遗址出土玉璋」

第二，玉璋、玉斧（锛、戚、钺）、玉刀等板状、条形器，数量极多，具有浓厚的军事色彩。这体现了一种时代特征。但其兵器的造型，与中原以及长江中游地区以玉戈、玉剑为象征的兵器大为不同，具有自己的特点。表明当时受整个中国政治气候的影响，成都平原的人们不得不拿起自己熟悉的武器保卫家园。

金沙遗址中，除了玉器之外，还有很多的石制品。古人对于玉与石的划分，并不像我们现在这样严格。只要是他们认为较好的石材，也与玉一样看待。该遗址出土的圆雕石跪姿人像，就是其中十分典型的作品。

「金沙遗址出土石质圆雕跪姿人像」

商周时期是继新石器时代晚期之后，中国境内黄河文明与长江文明又一次大碰撞的时期。当时，国家文明已经出现，但统一的中华民族文明尚未形成。在这一过程中，黄河文明占据了主动地位，长江文明则处于一种被迫求生存的境地。考察古代中国文明的形成与发展，必须要对成都平原商周文化进行全面细致的认真考察，不然，就得不到其中真谛而会失之偏颇。

三星堆文化及金沙遗址文化虽然衰落了，但其中许多文化因素，都能在后世见到，中国西南地区尤其如此。以三星堆文化为中介，我们可以寻找出汉晋时期西南地区文化与新石器时代晚期的良渚文化、石家河文化的联系，可以演绎出那因战乱而被迫迁徙的民族历史。而以炎帝南遁为线索，可以确信西南少数民族在很早以前就融入了华夏民族的血脉。因此说中华民族大家庭都是炎黄子孙，是一个确切无疑的历史事实。

叹为观止的东周秦汉玉石器

南方地区玉器制作的复苏，是在“礼崩乐坏”的春秋时期，至战国、西汉则形成高潮。

春秋时期玉器，目前所见基本上属于春秋中晚期。出土地点较集中的有江苏吴县春秋墓、苏州浒墅关真山吴王墓、安徽寿县蔡侯墓、河南淅川下寺楚墓、湖北当阳楚墓、湖南资兴旧市越人墓等。玉器种类有璧、环、玦、璜、管、珠、玉片及玉珑等佩饰，一些墓中还有玉覆面、玉琀等丧葬用玉。1994—1995 年发掘的苏州真山吴王墓，虽曾被盗，仍出土各类文物 12500 余件，其中主要为玉石器。该

「江苏吴县春秋晚期墓葬出土玉带饰(左)与牌形饰(右)」

墓的玉覆面（即用于覆盖死者面部的专用玉器组件），用玉璧（瑗）为目，玉虎形饰为眉，玉片为鼻、口构成人的五官形状。11000多件由玛瑙、水晶、绿松石琢成的管珠串饰，有的珠形如油菜籽大小，孔径极细，只有0.3毫米，十分精致。一件漆器上，用百余件绿松石片做嵌饰，可以拼成人面、兽面形、云雷纹、夔龙纹等多种图案。一件形似玉笛的多孔玉管，其长约8厘米，直径仅9毫米，管壁厚度不足2毫米。这些都表现了高超的琢刻技艺，体现了吴越地区的玉器风格。

云雷纹，有拍印、压印、刻划、彩绘等表现技法，在构图上通常以四方连续或二方连续式展开。出现在新石器时代晚期，可能从旋涡纹发展而来。图案呈圆弧形卷曲或方折的回旋线条。圆弧形的也单称云纹，方折形也称雷纹，云雷纹是两者的统称。

夔龙纹，古钟鼎彝器等物上所雕刻的夔形纹饰。也称夔纹。夔是中国古代汉族传说中的一种奇异动物，似龙而仅有一足。汉代许慎《说文解字》记述："夔如龙一足。"

「苏州真山吴王墓玉覆面(左)与串饰」

「河南淅川下寺春秋晚期墓葬出土玉璧(左)与玉梳(右)」

春秋楚国玉器，基本上沿袭西周以来中原地区周文化玉器的风格特点，种类、形制都与同时期中原诸国相同。像湖北当阳曹家岗5号楚墓，仅出玉璧3件，玉璜1件，玉玦1件。淅川下寺楚墓中，规格最高的1号墓与2号墓，也只有几十件玉石器，种类只有璧、环、璜、玦、管、珠、“柄形器”（玉剑)、玉牌、笄、梳、觿、虎形饰、鱼形饰等，没有超出中原地区同类墓的范围。只是随着时代的发展，西周时期的斧、刀之类已很少见，有些器物显得更为瑰美罢了。如一件以兽面纹为主题的玉牌，配以若干组虬曲回旋的变表蟠螭纹与细云纹，显得错综

「河南淅川下寺春秋晚期墓葬出土玉牌饰」

蟠螭纹，是中华民族传统装饰纹样的一种，是中国青铜器上的装饰。螭是汉族传说中的一种没有角的龙，张口、卷尾、蟠屈。有的作二方连续排列，有的构成四方连续纹样。一般都作为主纹应用。盛行于战国时期。在当时的玉器上，亦常见雕琢有蟠螭纹，表现形象有的有所不同。

复杂，繁而有序。它们或者是以中原玉器为蓝本自行琢制而成，或者是楚对中原征伐时获得的战利品。资兴旧市越人墓，规模都不大，玉器仅出璧、玦等，而以玦的数量较多。这些玦的形制，大都做斜边，与宁乡黄材所出商代玉玦类似，反映了当时这一带越族人仍奉商代制度。

战国玉器，主要出土于湖北境内，河南南部、湖南、江西、安徽、江苏、四川、云南等省都只有零星发现。除云南属于滇文化范围外，其他各省都属于楚国统治范围。楚国是一个多民族杂居的大国。尽管民族众多，文化习俗不尽相同，但是玉器的风格特征，在战国中期以前，都与中原地区大同小异。这儿主要谈谈湖北随州曾侯乙墓出土玉器。

「曾侯乙墓出土玉鸟首形佩」

「曾侯乙墓出土云纹金镂玉璜」

「曾侯乙墓出土玉龙形佩」

1978年发掘的曾侯乙墓，时代在战国早期。曾国在历史上又叫随国，很早以前就存在，位于湖北随枣走廊一带，文化上属于中原周文化系统，约在春秋中期即臣服于楚。该墓所出大量的青铜器，特别是气势恢宏的大型编钟，早已蜚声海内外。玉器之中，有不少上乘之作，有些还可能是绝无仅有的时代精品。玉石质料，既有产自新疆的软玉，也有其他地区的美石，还有白水晶、紫晶与玻璃料器。雕技手法多样，有平雕、浮雕、阴刻、透雕、圆雕、穿孔等。一般都经打磨抛光，色彩斑斓艳丽。该墓出土玉石器500多件，有玉璧、环、璜、玦、琮、镯、龙形佩、龙凤佩、玉挂饰、串饰、带钩、梳、觿、玉人、牛羊等几十个品类。

玉石璧115件，分水涡纹、云纹、素面、双龙、异形等5种式样。一件刻水涡纹及三角云纹的玉璧，直径12.8厘米，厚仅0.4~0.7厘米。双龙玉璧是

「曾侯乙墓出土玉透雕双鸟拱形佩」

两条透雕玉龙对称置于璧左右，龙曲身回首，尾巴内卷。中国古代流传的“双龙戏珠”图案，可以从这儿找到祖型。玉石璜51件，常成对出现。一件云纹金镂玉璜，用三道金丝连接大小两件玉璜组成。各种龙形玉佩，成对出现，有卷龙、蟠龙、圆雕龙形等，或动或静，形态、雕法各异。

「曾侯乙墓出土四节龙凤佩」

一件龙凤玉佩，全器由四节和三个椭圆环组成，各节上龙与凤分列左右，并相对称。第一节为对首的双凤，第二节为双卷龙，龙尾又各为一凤，第三、四节各为双龙。三个环实际上也是一条龙，上环为龙首，中、下环为龙体，器尾部分则是龙尾。这件器上共刻七条龙、四只凤，构思巧妙，严谨美观，纹饰线条细如发丝。并且，它是由一块玉料透雕而成，可以活动卷折，更显出它的奇异。制作它，要求设计合理，琢刻技术高超，如稍有不慎，便会前功尽弃。

曾侯乙墓是战国时期曾国国君乙的墓葬，位于湖北随州城西两公里的擂鼓墩东团坡上。墓呈“卜”字形，墓坑开凿于红砾岩中，为多边形岩坑竖穴木椁墓。无墓道，南北向，墓坑南北长16.5米，东西宽21米，深13米，面积为220平方米。曾侯乙墓出土了以编钟为代表的万件文物，其体现的文化艺术和科学技术上的辉煌成就震惊世界。

如果说这件器物奇妙，那它还不如一件分为十六节的龙凤玉挂饰。挂饰用五块玉料透雕，每块玉料琢制技法和上述四节玉佩类似，分别琢成后再用铜质、玉质销钉连接。全长48厘米，宽约8厘米，厚仅5毫米，可以自由卷折成一团。它集分体连接、透雕、平雕、阴刻等玉雕技术于一体，玲珑剔透。全器为一条大龙，龙上又刻出三十七条小龙、七只凤和十条蛇，形象千姿百态，栩栩如生，实为玉雕精品中的精品。有人根据器形与出土时在墓主头部附近的位置，联系文献中“楚庄王绝缨之会”的记载，认为这是曾侯乙所戴冠帽上的玉缨，很有道理。

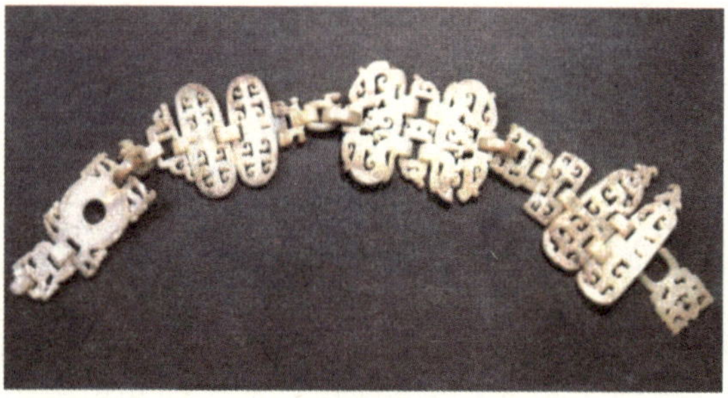

「曾侯乙墓十六节龙凤挂饰」

曾侯乙墓出土玉器，玉质好，制作精。哪怕毫不起眼的一些小物件，如玉梳、玉动物饰等，均玲珑剔透，件件精品。其代表了当时玉器制作的最高水平。

「十六节龙凤挂饰细部」

「曾侯乙墓出土玉梳」

「曾侯乙墓出土玉动物饰」

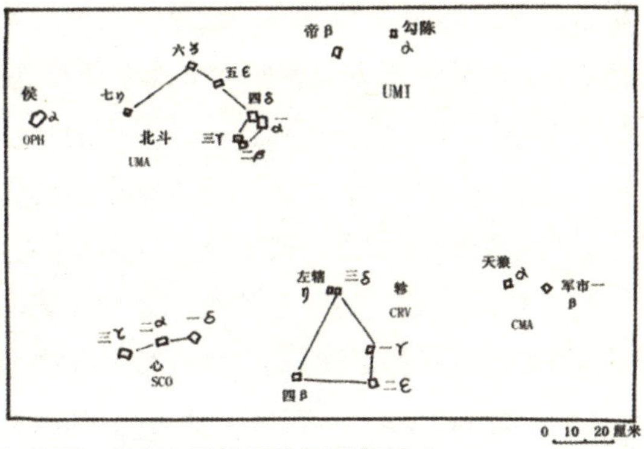

「 曾侯乙墓出土玉片缀构星图复原 」

在此值得一提的，是曾侯乙墓内棺内出土的 20 件玉片。这些玉片形体小，边上有供穿缀的小孔，制作简单，与其他玉器相比并不起眼。但若因此小瞧它们，就彻底错了。对它们的出土情况与所在位置进行认真研究，可以发现它们在整体上互有联系。其中 19 块玉片，有 7 块连接成北斗七星，2 块为帝星与勾陈，3 块为心宿，5 块为轸宿，2 块为天狼星与军市一号星。另有一块出在死者头部位置，可能是象征曾侯乙的侯星，也有可能与星图无直接联系，只是死者帽冠前部的缀饰。

这幅玉缀星图的发现，意义不同寻常。它是迄今所发现的我国最早的星图，可与《甘石星经》等东周天文学著作相映证，也可与同墓所出漆箱二十八宿名称相映证；各星座的相对位置及同一星座内诸星的位置，大体上是正确的，可以推定它基本上是根据实际天象缀构的；同时，它反映了当时存在浓厚的天人感应、君权神授观念。新中国成立前，湖南、湖北等地农村中有在死者棺中用铜钱之类摆作北斗七星形状的习俗。看来，这一习俗由来已久。

二十八星宿，中国古代天文学将黄道和天赤道附近的天区划分为二十八个区域，称为二十八星宿。它分为四组，又称为四象，即东方苍龙、西方白虎、北方玄武、南方朱雀，每组各有七个星宿，其起源至今尚不完全清楚。

楚国玉器在战国以前基本沿袭中原周人的风格，这是与楚上层贵族实际上是中原华夏族的后裔这一历史背景分不开的。《国语·郑语》、《史记·楚世家》都一致认为，楚人的远祖是祝融。楚诗人屈原，在诗歌中也称自己是帝高阳的后裔，先祖来自中原。商末周初，楚人的首领鬻熊曾举部背弃腐败的商王朝，而协助周文王成就西周立国大业。在周成王时，鬻熊的曾孙熊绎得到王室赏识，艰苦创业，国势日渐强盛，在政治上与周人若即若离，但在文化上却落后于中原，因此许多方面采取“拿来主义”，借鉴中原而为己所用。此外，也与上升时期楚人崇尚实际、不尚虚华的特性有关。《国语·楚语》记载了一个故事。春秋末年，楚国大夫王孙圉出使晋国，晋定公设宴招待他。宴会上，作陪的赵简子身上戴着许多玉佩，并且故意把它们弄得叮叮当当响，以向王孙圉炫耀。他问王孙圉：“楚国著名的白玉珩（按：一种系在玉佩上的横玉，与璜类似）还在吗？”王孙圉回答：“是的。”赵简子又问：“它作为楚国的珍宝，有多久了？”王孙圉直截了当地回答：“我们并没有把它看作什么珍宝。”接着又说，楚国宝贵的，是观射父、左史倚相那样知识渊博、对国家有用的人才，是像云梦泽那样出产丰富的土地。至于洁白的玉珩，不过是先王的玩物，没什么值得宝贵的。王孙圉含意深刻的话语，使得自鸣得意的赵简子顿感没趣，无地自容。这说明，当时楚人主要的精力是用在如何富国强兵上，而对于玉器之类玩好饰物并不十分看重。王孙圉所说，可以用楚国大夫一级的高级贵族墓出土玉器材料加以证明。但战国中晚期以后，情况就另当别论了。

「江陵院墙湾 1 号墓出土龙首虎身玉佩」

「江陵院墙湾 1 号墓出土人戏双龙凤鸟夺环玉佩饰」

到战国中、晚期，楚国贵族大多失去了先前的开拓精神，变得奢华起来。于是，玉器制作追求奇巧的风习开始盛行。这在客观上促进了楚国琢玉业的发展。此一时期的楚国玉石器，以江陵院墙湾 1 号墓、河南淮阳平粮台 16 号墓、安徽长丰杨公 2 号墓等所出为典型。

江陵院墙湾战国中期 1 号楚墓出土的玉器，器类有璧、环、璜、佩饰、印玺、玉剑首等，这实际代表了战国中晚期至汉代墓葬中出土玉器的基本种类。其龙首虎身玉佩，质地为典型的新疆和田白玉，造型为龙首虎身。龙首有分叉长角，张大口，吐长舌；虎身蛰伏欲跃，尾巴上卷。人戏双龙凤鸟夺珠玉佩饰，中为一头顶宝环、双手抚两侧龙腹的直立神人，双龙与凤鸟对称分布于两侧。龙昂首曲卷尾，作欲夺宝环状，鸠状凤鸟蹲伏于龙背，造型颇为生动。其他如玉连体双龙佩，构思奇妙，抽象性很强，也可视为此时期玉器的代表作品。

「江陵院墙湾 1 号墓出土玉连体双龙」

安徽长丰县杨公乡楚贵族墓出土玉器，可称战国晚期玉器的典型。一件透雕龙凤形玉佩，形为一张口回首神龙，龙体蜿蜒弯曲，龙尾部分饰以两凤鸟相连。给人的感觉是龙在翻转腾挪，威猛不凡。一件连体双龙双凤玉佩，双龙体相连，龙首向外，体态刚健有力；双凤昂首立于龙腹下，意气风发。全器运用了透雕、浮雕等工艺。其他如玉管形饰、瓶形饰、玉觿等，亦很有特色。这类玉器，真正显示了楚文化的婀娜多姿。

「安徽长丰杨公出土玉龙凤佩」

「安徽长丰杨公出土玉连体双龙凤佩」

「安徽长丰杨公出土玉觿」

「安徽长丰杨公出土玉瓶形饰」

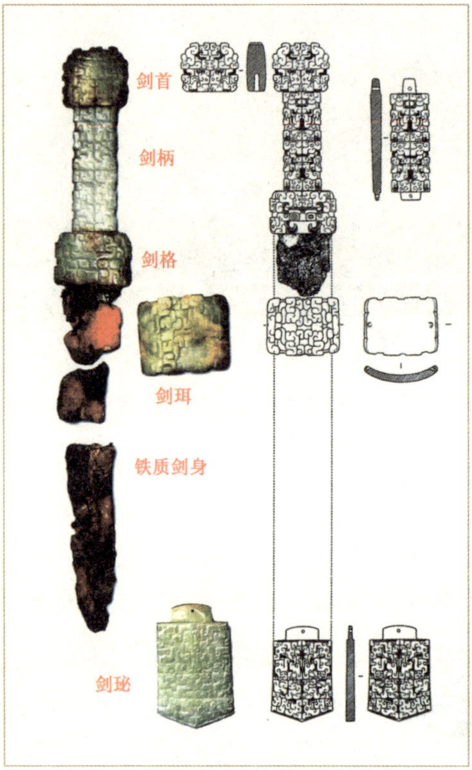

「郧县乔家院春秋墓出土的玉具铁剑」

用玉制作兵器一类礼器，是商周以来的重要传统。到了春秋战国，由于钢铁兵器的使用，玉兵一类礼仪器已退居不显眼的位置。此时，用玉作为兵器上的装饰品渐趋流行，由此出现了所谓的“玉具剑”。湖北郧县乔家院春秋墓中出土的玉具铁剑，是目前所见中国最早的“玉具铁剑”。东周秦汉的“玉具剑”，大多是在钢铁质地的利剑上用玉作为装饰件。其一般有剑首、剑格、剑珥、剑珌四个部分。战国时期此类饰件，形制大都简单；到汉代，花样迭出而愈显精细。玉剑首作圆片形，表面多琢水涡纹、云纹。这类饰件背面往往有小槽或小孔，用铆钉的方式把它们牢牢固定在剑或鞘上。其精致美观，是当时男子最喜爱的饰物。

「江陵院墙湾1号楚墓出土玉剑首」

「长丰杨公楚墓玉剑珥」

战图时期楚人重玉的风习，从上层贵族传播到了下层人士。但是，琢玉需要专门的工具，玉材也很有限，根本不可能满足下层人士的需要。于是，用石英为原料烧制的玻璃质料器，用硬度极低的滑石刻制的各类工艺品，便找到了自己的市场。长沙等地战国晚期楚墓中，经常可以见到琉璃璧、剑饰、管、珠及滑石质的璧、猪、蝉之类。这种风习，一直流传到汉晋以后。六朝时期，武昌、南京等地墓葬，仍有滑石猪之类出土，可见楚文化遗风的久远。

「湖南湘乡牛形山1号战国楚墓出土琉璃管珠」

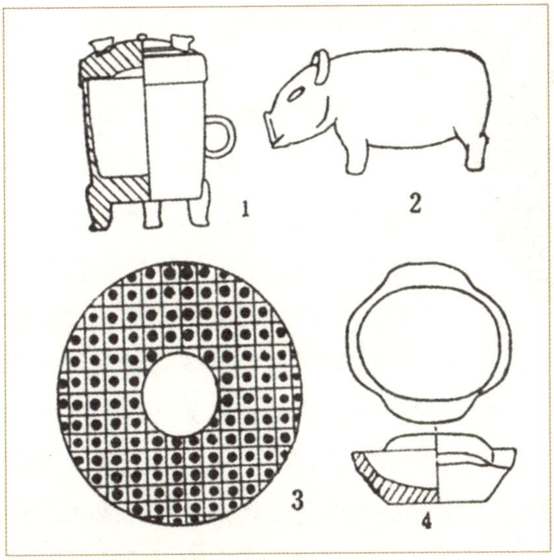

「湖南长沙出土战国晚期至汉代滑石器」
1.卮 2.猪 3.璧 4.耳杯

「湖南出土汉代滑石傩戏面具」

战国至西汉，长江上游云南境内属于滇文化的部分墓葬中，也有玉石器出土。材质有玉、玛瑙、琥珀、孔雀石等。玉制品仅见镯、环之类，其余则为玛瑙或孔雀石琢制的管、珠串饰。江川李家山滇墓，考古发现数万枚孔雀石珠。呈贡天子庙滇墓，也出土此类管、珠上万枚。

「云南晋宁石寨山西汉滇墓出土玛瑙扣(左)、孔雀石珠(右)」

「云南晋宁石寨山西汉滇墓出土嵌孔雀石铜舞人饰」

滇文化与越南境内的东山文化、泰国境内的班清文化有较密切的关系，是当时生活在金沙江与红河上游地区人们创造的一种青铜文化。这一文化的主人，也和长江中下游地区人们一样，喜爱美丽的玉石，细心琢刻它们用以装点自己的生活。在文化源流上，他们受到长江中下游及珠江流域高度发展的文明的深刻影响，而又具有了自身独特的文化传统。他们的玉镯，内圈有棱突出，显示出与长江中下游地区玉镯不同的艺术风格，从而成为云南青铜文化的典型器物之一。一座墓出土上万件管珠，在内地仅见于江苏苏州春秋吴王墓，而在滇文化中却多见。享有这些玉石制品的主人，应是级别较高的部落贵族。

在长江中下游地区，考古发现的秦汉玉器，种类主要有璧、环、璜、龙形佩、觿、韘、管、珠、印章、剑具饰、带钩及专用于丧葬的蝉、猪、瑱（耳塞）、玉衣等。其主要特征承战国晚期而来。

此时的璧，主要有圆形与出廓两种。圆形璧中，一种饰网格纹者比较常见，人们往往套用古代文献，称它为“蒲璧”，意指其纹饰类似蒲草席纹样。其实不然。蒲璧之“蒲”，按《释名》称：“草圆屋曰蒲。蒲，敷也。”即当按敷字解。敷，在《尚书》的“舜典”、“大禹谟”、“皋陶谟”等篇文章中，都有陈列、布施的意思。所以，蒲璧就是供陈列的璧，可以称为列璧，意与“列鼎”相类似。列璧数量较多，未必全为质好色美的玉料琢成。以此推广，蒲璧即为一般的璧。

「长沙五一路西汉墓出土的所谓“谷纹璧”」

与这情形相类似的有“谷璧”。以前人们解释，“谷璧”是用谷粒做纹饰的璧。其实，这种所谓“谷粒纹”就是水涡纹或圆点纹，它在战国已有。“谷”与“蒲”一样，也不是指纹饰。《尔雅·释诂》称：“谷，善也。”先秦君王，往往谦称自己为“不谷”，意谓自己不善、不才。所以，谷璧是相对于蒲璧而言的，是指材质好，制作精，难得的玉璧。《周礼》等典藉中，常见谷璧，谷圭之类字眼，都是指好的玉璧、玉圭，而不是指所谓“谷纹”璧。出廓玉璧，在战国已有，曾侯乙墓中的双龙璧，就应属其中一种。不过，汉代的出廓玉璧，往往只在璧的上方或上、下两方出廓，而很少在左右两侧出廓的。出廓部分往往透雕龙虎之类图案。这种玉璧很精美，应属“谷璧”中的一种。

「扬州甘泉老虎墩东汉墓出土的“宜子孙”出廓玉璧」

早在周代，就已出现玉覆面之类丧葬用玉。到了汉代，它们发展成制作考究的玉衣。汉代玉衣在全国已发现20多件，但大部分在北方地区。最著名的有河北满城中山靖王刘胜的金镂玉衣，共用软玉片2498片，金丝约1100克，联缀成头罩、上身、袖子、手套、裤筒、鞋子六个部分。

这些玉片一般作长方形或方形，四角有穿孔，特殊部位用梯形、三角形或多边形。南方地区各省，成套的玉衣有江苏徐州东汉墓出土的银镂玉衣，安徽亳县曹操宗族墓中也有玉衣出土。江苏睢宁九女墩汉墓有一定数量的玉片，可能和玉衣有关。此外，江苏扬州西汉“妾莫书”木椁墓，出土有近600片琉璃（早期玻璃）片，形状与玉衣片相同。有一片的穿孔内残留有一小截铜丝，据此可以推定它是一件铜镂玉衣——古人是把玻璃和玉同等看待的。

玉衣，是装殓尸体的匣子，是按人体形状用许多玉片缀联而成。因缀联的金属丝不同，而有金镂玉衣、银镂玉衣、铜镂玉衣的区别。按汉代封建礼制规定，金镂只有皇帝死后才能使用，但有时皇帝特赐给亲王或功勋卓著深受宠爱的大臣，除此以外的高级贵族依品位只能用银镂与铜镂。

「扬州西汉“妾莫书”墓出土的玉韘形佩」

扬州西汉“妾莫书”墓曾被盗，仍出铜、漆、玉石各类文物200多件，并且还有一枚龟纽银印，上镂“妾莫书”三字。据考证，其为汉代山阳王刘荆的妻妾，身份等级很高。该墓嵌玉鎏金铜带板，玉韘形佩，出廓玉璜，玉舞人等，均为难得精品。

「长沙咸家湖西汉曹嫘墓玉韘形佩」

从单独某座墓葬看，其玉器的数量和种类都不算多，即使贵为王妃的“妾莫书”墓也是如此。长沙咸家湖西汉曹嫘墓，只有玉印、玉璧、玉环、璜、龙

「扬州甘泉老虎墩东汉墓出土透雕螭龙凤纹玉环」

「长沙象鼻嘴1号西汉墓出土透雕龙凤玉佩」

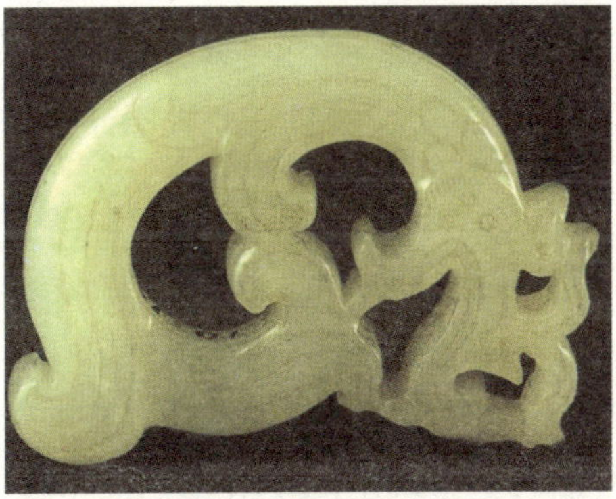

「江苏盱眙东阳4号墓出土西汉晚期玉佩饰」

形玉佩、玉贝等几个品类；马王堆汉墓及渔阳王后墓，玉器品类也没有超出咸家湖曹墓、“妾莫书”墓的范围。但是汉代玉器，在继承战国精巧风格的基础上，又进行了创新，集中表现在透雕镂空技艺更加普遍应用，构图上一变先前追求对称的格局，而追求一种不对称美的艺术效果，给人以更加轻灵明快的感觉。

此时，一些古老的玉器品种，像商周常见的玉戈、玉剑一类，几乎完全被废弃，代之而兴的大多是佩饰。玉璧、璜常见的是出廓透雕。春秋战国时期北方地区常见的组佩（璧、玦、璜、觿、管、珠串在一起组成的大型佩饰），此时很少见到，即使有，也显得简洁而不是那么繁缛。花纹也以抽象为主而转向写实。并且，在春秋战国玉带钩、玉牌饰的基础上，出现了一种颇为精致的长方形牌饰。这可能就是后来常见的所谓官服“玉带”牌饰的早期形制。

「长沙咸家湖西汉曹嫘墓透雕龙马长方形玉牌饰」

总之，汉代玉器承先启后，有所创新，有所发展。正如夏鼐先生在《汉代的玉器》一文中所说：“在中国玉器史上，汉代结束了殷周以来的传统。这是一个过渡的时代。在汉代以后的各朝代，在中国玉器史上便成为一个新时代了。”

从商周而至秦汉，长江流域玉器经历了一个由衰而盛、由古老而创新的发展历程。尽管其仍然只能为少数贵族所有，却也突破了由中原商周贵族专有的格局。这正是中国从此走向大一统局面在玉器制作与使用上的反映。正如南方山区一道淙淙流淌的清流，因受高山的阻隔而不得不潜入山底形成暗流，而后冲破岩石从山那边涌出。经过艰难的奔波与沙石的沉滤，它的水质更清，气势更猛。

三国南北朝玉器的跌落

三国至隋统一，是中国历史上长达数百年的动乱时代。持续的战争，给中国造成了重大伤害。人口锐减、经济崩溃，各地无不是断壁残垣。政权不断更迭，官吏如走马灯你来我去。在这种以人为食、性命难保的历史背景下，作为玩赏的玉石器，很自然跌落到了一个极致低谷。

这一时期，以江苏南京一带古墓出土玉器稍多。江西南昌、湖北武汉、湖南长沙、贵州平坝、四川成都等地，都只有零星发现。这种情况，与当时长江流域政治大气候的整体态势是相吻合的。

此一时期的玉器种类有玉璧、玉环、玉玦、玉剑饰、刀饰、玉带钩、玉牌、圆形佩、鸡心佩、玉扣、玉棋子、玉猪、玉蝉、玉马头、玉辟邪及水晶珠、玛瑙珠、琉璃杯、琉璃饰件等。其纹饰特征，大多沿袭汉代风格。

据考古资料显示，远在西周晚期至春秋早期，中原地区的华夏族服饰中，已经使用了带钩。玉质带钩至迟在战国已经使用。秦汉时期广为流行。魏晋南北朝时期出现配有带扣的革带，与带钩并行发展，其多用在丝带上，束在袍外，有人称之为“绦钩”。除玉带钩之外，考古发现的铜带钩数量更多。

下图所列三件玉器，总体风格与东汉玉器并无两样。笔者甚至怀疑它们就是东汉流传下来的玉器——其上的螭形图案，在东汉玉饰上最为常见，与扬州甘泉老虎墩东汉墓出土的透雕螭龙凤纹玉环上的螭形十分相似。其玉质玉色，也与此玉大体相同。

「南京中央门外东晋墓出土玉双螭纹韘形佩」

「南京中央门外东晋墓出土的玉螭虎纽印」

「南京邓府山 3 号南朝墓出土螭凤纹韘形佩」

不过，此时玉器也有一些自身特点。如上海博物馆藏南朝玉透雕龙纹“鲜卑头”，就是具有鲜明时代特点的玉器。这件玉器背面两侧各刻一行铭文。一行是“庚午，御府造白玉衮带鲜卑头，其年十二月丙辰就，用工七百”；另一行是“将臣范许，奉车都尉臣程泾，令奉车都尉关内侯臣张余”。所谓“鲜卑头”，即玉带头。据考证，其文字具有南朝风格，此玉曾是南朝宋文帝所用之物，因而其玉质剔透，琢制精良——宫内工匠用了七百个工，才琢成此玉，其价值可想而知。

「上海博物馆藏透雕龙纹白玉“鲜卑头”」

「南京富贵山东晋墓出土玉锁形佩」

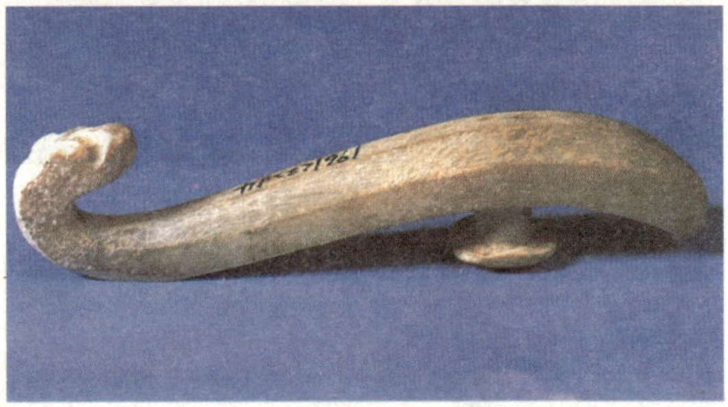

「南昌京山南朝墓出土玉带钩」

高级贵族能使用如此精美玉器，一般贵族则不行。南京富贵山东晋墓出土的玉锁形佩，南昌京山南朝墓出土的玉环、玉璜、玉带钩之类，只有其器的基本轮廓，而无太多纹饰可言。这绝不是什么复古、慕古之风，而是当时动荡不已，战乱连年，能用上玉器已属不易，没有工夫将其精雕细作！这应代表当时玉器制作的一般情形。

琉璃这种人造玉石，春秋战国以及汉代，所制多为串珠、璧、剑饰之类，至晋代已见有碗、杯之类容器。1970年，南京象山7号东晋王氏墓出土琉璃杯两件，一整一残。1972年，南京大学北园东晋墓又出土一件。它的口径约10厘米，厚仅1~2毫米，白色，透明度较大。敞口下及腹部均有两道弦纹，上下有对称的直瓣形花纹。这类琉璃器，经鉴定为西方舶来品，来自罗马帝国或波斯萨珊王朝。《晋书·崔洪传》及《世说新语》等古籍中，有王公贵族使用琉璃器饮酒的记载，并认为那是一种很奢侈的行为。可知当时，人们认为琉璃器与美玉同类，价值甚至有可能高于黄金、美玉数倍。

「南京市博物馆藏南京东晋墓出土琉璃杯」

唐宋玉器的新生

经历几百年的战乱，隋代全国复趋统一。唐在隋的基础上迅速发展经济，造就了一个“大唐盛世”。目前，长江流域发现隋代玉器甚少，但唐代玉器却达到了一个新的繁盛阶段，并且步入鉴赏化、文玩化、商品化之门。从此而至宋元，玉器的造型、图案、艺术风格都发生了前所未有的巨变。

「唐代画家周昉《簪花仕女图》(局部)」

唐至五代玉器种类，在南方地区发现的有玉带、玉册、玉环、玉璜、玉坠、玉笄、玉步摇及其他佩饰。

当时女性中，流行高大的发髻。与之相应，贵族妇女喜好佩用玉质首饰，特别喜在金质头饰上镶嵌宝玉石。平民百姓中的富裕人家妇女，亦有佩玉风尚。唐人顾况《金珰玉佩歌》：“赠君金珰太霄之玉佩，金锁禹步之流珠。五岳真君之秘箓，九天丈人之宝书。东井沐浴辰已毕，先进洞房上奔日。借问君欲何处来，黄姑织女机边出。”惟妙惟肖地描写出一个佩金披玉的新婚女子洞房花烛时的迷人姿色。

玉器上镶嵌鎏镀金银，或以金镂将多件串联，累珠迭翠，世人称为金玉“步摇”。其意即花枝招展，一步一摇。

1979—1980 年发掘的湖北安陆王子山唐代吴王妃杨氏墓，虽然早年被破坏，仍出有金器 139 件，珠玉器 119 件，另有大量银、铜、陶器。金器多为首饰，有钗、笄及各种花饰。其中 4 件金质发卡，卡头均用金丝纽成花纹图案，上面镶嵌珠玉宝石。有 6 件玉佩，则穿孔系以金环。合肥西郊五代南唐墓出有嵌银鎏金玉步摇 2 件，做工均细腻。金、银、玉佩饰合并

「合肥西郊南唐墓嵌银鎏金玉步摇」

「无锡出土唐代玉人鹿图佩」

使用，更加艳丽生辉。

唐代已经出现人物或其他较多写实风格的玉佩饰。如江苏无锡唐墓出土的一件人鹿图案玉挂饰，浮雕出人物、梅花鹿等生动形象，从此开创了此类人物挂饰的先河。

「成都五代王建墓出土白玉云龙纹玉带」

五代王建墓出土玉带，皮革部分已朽，余下玉銙 7 块，铊尾 1 方，银扣 2 个。銙铊之玉即俗称玉带牌，玉质洁白温润，上面刻有龙纹，工制极精。龙昂首奔腾，张牙舞爪，十分生动。铊尾背面刻铭文 118 字，详记制带缘由。从记述看，此带琢于蜀永平五年（公元 915 年），玉璞曾经宫中大火焚烧，当时一般人认为玉不堪火，已被毁坏，但王建认为天生神物，不是火能损坏的。剖开后内部玉质果然异常良好。于是人们认为是圣德所感才会这样。这当然是歌功颂德之词。

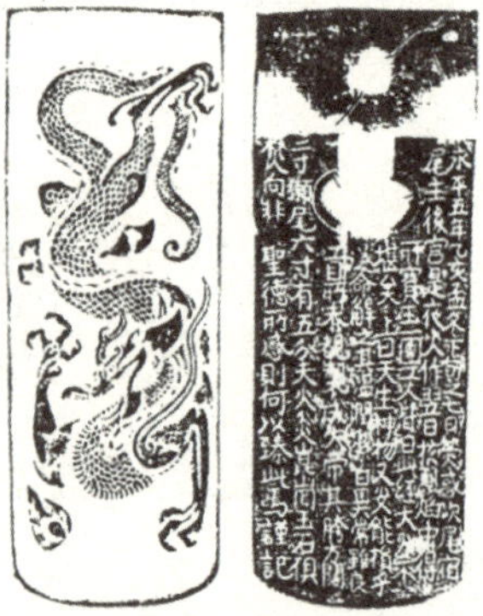

「成都五代王建墓出土白玉云龙纹玉带铊尾上的龙纹与铭文」

唐王朝是一个崇佛的国度。“飞天”形象在各类艺术品中较为流行。与之相应，这一形象也较为普遍地出现于玉器雕刻中。南京江宁五代时南唐开国皇帝李昪墓中，就见有此类“飞天”纹饰的玉佩。此外，自东晋以来所谓“长命锁”一类玉器，也在贵族中流行。南唐李璟墓，就出土有此类青玉锁形佩。

飞天，在佛教初传不久的魏晋南北朝时，曾经把壁画中的飞仙称为飞天，飞天、飞仙不分。后来随着佛教在中国的深入发展，佛教的飞天、道教的飞仙在艺术形象上互相融合。一般意义上的飞天指画在敦煌石窟中的飞神，后来成为中国独有的敦煌壁画艺术的一个专用名词。

「 南京江宁五代李昪墓出土“飞天”纹青玉佩（左）及青玉锁形佩（右） 」

五代时，在贵族中流行用玉作为随葬哀册的现象。南唐李昪墓出土青玉哀册 28 片，其上均有铭文。成都前蜀王建墓也有玉质哀册。这是当时人们寄托哀思的一种表现形式。

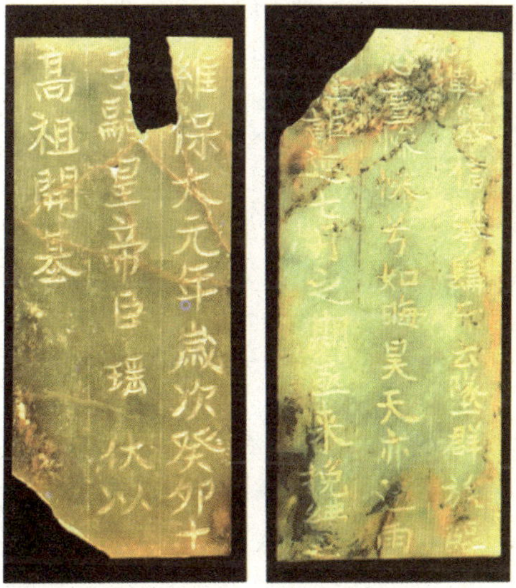

「 南京江宁五代南唐开国皇帝李昪墓出土的青玉哀册 」

从以上例证，可以看出唐、五代玉器，大多与金银器配合，造型手法生动，讲究气质，重在揭示作品所反映的精神世界，形体夸张，颇具浪漫色彩，但不失法度，浑厚而自然，从而使玉石本身具有的温润晶莹显露得淋漓尽至，达到形与神、质与色完美结合的艺术效果。

南方出土的宋代玉器，种类有镯、环、笄、印章、佩饰、带牌、经幢以及酒器碗、杯、壶等。数量不多，玉质却大都优良，琢制颇为精致。江苏吴县宋墓出的白玉发冠，质料为新疆所产上等白玉。20 世纪 50 年代江西上饶宋高宗叔祖明州观察使赵公礼墓出经幢，由于印度佛教的传入，特别是唐代中期佛教密宗的传入，将佛经或佛像起先书写在丝织的幢幡上，为保持经久不毁，后来改书写或石刻在石柱上，因刻的主要是《陀罗尼经》，因此称为经幢。经幢一般由幢顶、幢身和基座三部分组成，主体是幢身，刻有佛教密宗的咒文或经文、佛像等，多呈六角形或八角形。

「江苏吴县宋墓出土白玉发冠与青玉笄」

土9件青玉带牌。除一件桃形牌素面无纹外，其余均有人物雕像。每件带牌上雕一人。其人物形态，或持物而立，雍容大度；或盘足而坐；或手捧果盘；或弹乐吹奏。人物体态丰满，衣折线条刚柔兼具，暗明隐凸随之而现，与当时的浮雕石刻异曲同工，略胜唐、五代带板一筹。

「江西上饶宋赵公礼墓出土青玉带牌图案拓本」

唐代贵族已开始使用玛瑙杯、白玉壶之类名贵酒器。元稹《谕宝二首》中有“冰置白玉壶，始见清皎洁”的佳句。唐代传世品中有玛瑙羊耳杯，杯体形如号角弯曲，柄部形如羊首，双角与颈之间镂空，嘴部则包以金皮，形象生动而富丽堂皇，是唐代玉雕中难得的珍品。到了宋代，使用玉质酒器在贵族中更为流行。安徽来安县相官乡宋墓出土一件金扣玛瑙碗，口镶黄金，利用了玛瑙的自然纹理，气质高贵。安徽休宁南宋朱晞颜夫妻合葬墓出土的玛瑙耳杯与青玉碗，同样是以玉石本身的通透纹理取胜。这代表了当时玉工琢制的一种重要风格。

从传世品及文献著录看，宋代玉器往往仿古。唐创新，宋模古，是人

「 安徽来安南宋墓出土金扣玛瑙碗 」

「 安徽休宁南宋墓出土青玉碗 」

们对唐、宋两个王朝艺术思潮的总体评价。宋人龙大渊于孝宗淳熙三年(公元1176年)奉旨编纂的《古玉图谱》，收录玉器600余件，形制纹饰多类周秦礼器，或者根据古代文献想象复原。其中除极少数为汉唐旧玉外，绝大部分是宋代玉工的作品，或者是宋代玉工利用汉唐旧玉加以改琢，而冠以周、秦、汉、唐之名。有人怀疑这部书为明代伪作，虽有一定道理，但不见得正确。如该书第四十一、四十二册的古玉镇库钱，就见之于江苏江浦南宋张同之夫妇墓。又如第六十四册著录的“古玉双螭玦”，有的就是东汉时期的韘形佩饰。不过，该书说明文字，或玉器上琢刻文字，将本来的仿古之作故意说成是古人之作，显得过分了些，所摹图形也未必准确。此外，我们还应考虑到一个因素，就是这部书是按皇帝旨意编纂的，而宋代皇帝如徽宗、高宗、孝宗等人，都有嗜古之习。如果他们认为自己很懂古物，鉴定某器为某朝某代之物，一般人即使认为有误，自然也只能顺承迎合而不敢稍有异议。或许，龙大渊在编纂时，也有他的苦衷，只能依样画葫芦罢了。安徽休宁南宋朱晞颜夫妻墓出土玉卣，造型与纹饰明显具商周古物特征。

「 安徽休宁南宋墓出土仿古玉卣 」

必须说明的是，宋代玉器既有仿古之风，也有很多创新品种。如玉笔山、镇纸等，都是创新品种。1974年浙江衢州王家乡史绳祖墓出土的白玉荷叶杯、白玉兔镇纸、青玉莲苞瓶等，都是创新品种。

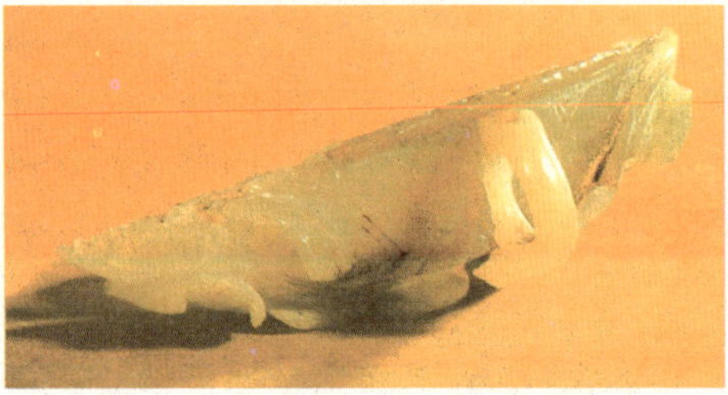

「南宋史绳祖墓出土的白玉荷叶杯」

「南宋史绳祖墓出土的白玉兔镇纸」

特别值得一提的是玉山子。元、明、清直到今天，玉山子在工艺美术上被广泛采用，并且常常被人视为镇库之宝。但其肇始于宋。《宋史·礼乐志》曾提及，宋真宗一次与群臣观赏宫廷御花园中的假石山，事后写词作诗以为纪念。玉工受其启发而将玉雕成如山状立体造型，才开始有所谓的“玉山子”。观玉山子胜如观画。其镂空透雕人物果木、花鸟虫鱼，别具匠心，为后世琢制同类产品奠定了基础。

玉山子，即圆雕山林景观，制作时先绘图稿，再行雕琢，因而又常以图命名。玉山子上分别雕出山林、人物、动物、飞鸟、流水等，层次分明，各具形态，这种山林景观的雕刻，从取景、布局，到层次排列都表现和渗透着绘画的章法。

宋代经济发达，城市繁荣，市场上玉器交易兴旺。南宋临安（杭州）成为帝都，皇室玉作设在此地，并多民间玉作，基本可以满足王公贵族和平民百姓的需要。市面上，多见玉碗、玉花瓶、玉劝盘、玉佩及玻璃、水晶、宝石等各种古玉与新玉。富贵人家，争相购买，或收藏，或把玩，或作为赠馈礼品。高宗巡幸清河郡王府，张俊一次进奉玉器达42件。明代杭州人高濂谈论唐宋玉器，认为其“碾法如刻，细入丝发，无毫末逾矩，极尽工致”“宋工制玉，不特发古人未有之巧，其取用材料亦多后人心思所不及”（《燕闲清赏笺》）。他在当时见到的宋代玉器，量多品精，故其论述具有相当的权威性。

繁荣的元明清代玉器

元、明、清代，琢玉工艺承唐、宋而步入繁荣时期。此时玉器，南北已无什么差别。不仅多有玉制小件佩饰、文玩器皿，也多大型作品。元代的渎山大玉海、清代的大禹治水玉山、会昌九老图玉山堪称代表之作。

元代玉器种类多，并且富有创意。安庆棋盘山元代高级官吏范文虎夫妇墓，就出土玉带、玉方壶、玉押印、鸡心玉佩饰等。玉带牌10节，分带扣、銙、铊尾三个部分。玉押印为方体，虎形纽，虎作匍匐待发状。白玉方壶双贯耳有盖，盖上有隐形卧虎形纹，器身有四圈弦纹，形状仿自春秋青铜方壶。此应是承袭宋代仿古之遗风。

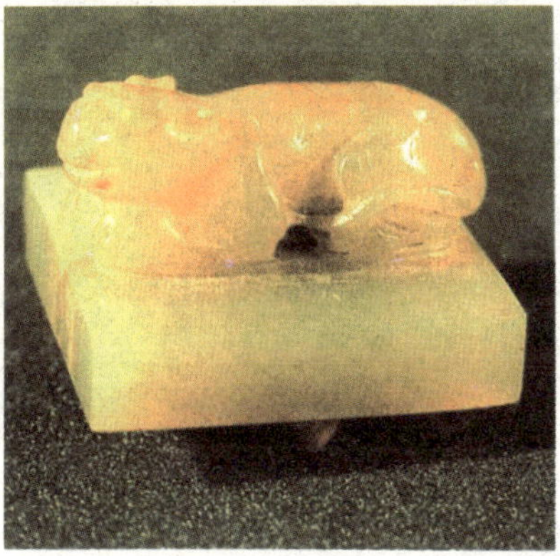

「安庆棋盘山元范文虎夫妇墓出土玉押印(左)及白玉贯耳方壶」

江苏无锡元代钱裕墓，出土金、银、玉、铜器150余件，其中玉器28件，种类有玉笔洗，带钩、发笄，各种挂饰、串珠等，件件都是精品。

「无锡元代钱裕墓出土青玉笔洗」

笔洗琢刻成桃形，錾作缠枝，托叶，高3.2厘米，口径10.8厘米。一对鳜鱼形饰（鱼鳞不似），线条精细，形态逼真，反映了南方水乡风情。带钩表面则用浮雕手法琢出精致的莲花水藻纹。

「无锡元代钱裕墓出土玉鱼形饰」

「无锡元代钱裕墓出土玉带钩」

一件椭圆形透雕饰件，以南方湖塘景色为主要题材：风光旖旎的湖面，水草丛生，莲花盛开，一只云雀正怡然自得地站立在荷叶上小憩。但是，觅食的白鹅，打破了这儿的平静。它迅速扑向水中食物，拍击的翅膀卷起一阵狂风，在水面激起一阵涟漪。水草、莲花、荷叶都随之剧烈地摆动起来。对此已司空见惯、习以为常的云雀，虽然并不担心自己的安危，却因荷叶的摆动而站立不住，只好不停地扇动双翅，才勉强扎稳了自己的脚跟。这是一幅多么生动的画图！仅此一件，就可以反映出玉工高超的构思与技巧。

「无锡元代钱裕墓出土荷塘春水青玉佩」

北京团城玉瓮亭藏渎山大玉海，初琢于元代至元二年（公元1265年），清乾隆时经过四次修饰。其修饰铭文序言中，有如下记述："玉有白章，随其形刻为鱼兽出没于波涛之状，大可贮酒三十余石，盖金、元旧物也。曾置万岁山广寒殿内，后在西华门外真武庙中，道人作菜瓮。……命以千金易之，仍置承光殿中。"它为和田带黑色的青玉琢成，重达3500公斤，厚重古朴，气势雄伟。周身遍刻汹涌海浪及海龙、海马列、海猪、海犀等海中怪兽，形态各异，栩栩如生，确实称得上是前所

「元代渎山大玉海」

未有、划时代的大型作品。虽说其藏于北京皇宫，但琢制、修饰饱含苏州、扬州一带玉工心血，故录于此。

明、清琢玉工艺进一步繁荣。当时除北京外，南京、杭州、苏州、扬州是琢玉业最兴盛的地区。特别是苏州形成了精、细、巧的独特风格，其作坊林立，人才辈出，至今仍享盛名。玉器种类之多，为前代所不及。杨伯达先生《中国古代玉器发展历程》一文，对其有详细的概括。它们涉及祭祀、礼仪、陈列、摆设、文玩、器皿、用具、佩饰、镶嵌等许多方面，诸如玉册、印章、仙佛造像、圭、璧、琮、净瓶、朝珠、玉带、翎管、发笄、戒指、手镯、胸佩、腰坠、如意、花插、挂屏、笔砚、镇纸、棋子、杯、盘、碗、盏、鼻烟壶，等等，应有尽有。王公重臣所用玉器往往镶嵌金银，造型、纹饰上尽显富贵风流。

「南京明初汪兴祖墓出土镶金和田白玉镂空云龙纹带銙」

汪兴祖，安徽巢县人，朱元璋手下猛将，曾任湖广行省参政、大都督府佥事、同知大都督府事、都督兼右率府使、山西行省都督府佥事兼晋王武傅等；战死后封东胜侯。其墓所出玉带銙，为典型的元代晚期器物。

明代对用玉有明确等级规定。祭玉分为四等，以苍璧礼天，黄琮礼地，赤璋祭日，白琥祭月。在冠服上，平民不能用玉。大臣则不能使用玉制器皿于日常生活。但是，在玉器制作多、使用普遍的情况下，许多规定形同虚设。明代宗抄没王振家产，得玉盘百面。四川成都白马寺明墓中，也见有玉杯之类器皿。不过，一般贵族墓中，为官的有玉带，另有玉笄等佩饰，玉器皿确实较少。看来一些规定对部分人还是起了作用。这种情况可能一直延续到清代。

明代朱氏王族，广泛分封于长江流域各地。仅从湖北钟祥梁庄王墓与江西南城益王家族墓用玉情形，就可知其奢华程度。

「钟祥梁庄王墓出土金镶宝石白玉镂空云龙纹帽顶饰」

钟祥梁庄王墓出土金镶宝石白玉镂空云龙纹帽顶饰，金托莲座花瓣内镶嵌红宝石、蓝宝石及绿松石等；顶上白玉多层镂空，透雕出一条蜿蜒大龙及如意云纹。

梁庄王为明仁宗庶出第九子。受封于永乐二十二年（公元1424年），死于正统六年（公元1441年）。2001年发掘的梁庄王与其王妃合葬墓，共出金、银、玉、铜、瓷等各类文物5340件。其中金器成品重量达到16公斤，玉器成品重量达14公斤。另有镶嵌宝石700余颗。璀璨夺目、精美绝伦的各类文物，讲述着明代王室贵族金玉满堂、珠光宝气的奢华生活。

据亲自主持此墓发掘的湖北省文物考古研究所梁柱研究员回忆：打开墓门进入墓室，满眼尽是裸露的金玉文物，他感到自己连脚也没地方放，心在“咚咚咚”跳个不停——就像阿里巴巴芝麻开门，进入了一个难以置信的童话世界。他跟我们一谈及此事，立即露出孩子般的笑容，两片嘴唇再也合不拢去。

「钟祥梁庄王墓棺床上随葬部分金玉宝石出土情形」

梁庄王墓金银镶嵌宝石，经鉴定包含有红宝石、蓝宝石、金绿宝石、祖母绿、猫眼石、琥珀、玛瑙、石榴石、水晶石、绿松石等17个品类。出土各类玉石器数十套，以单件计则为数千件。玉石大部分为新疆和田白玉或青白玉，另有少量绿松石饰。其中有玉圭一类代表身份的礼器，也有组佩、革带玉牌饰、环形佩等各类佩饰。琢制工艺上采用了素面、浮雕、透雕、圆雕、钻孔等各类技法。

梁庄王虽然托祖上洪福，富贵有加，但天不假年，30岁时便早早离开人世，且无子孙后嗣，家中所有珍宝只能和他一样埋进坟墓。有命得而无命用，看起来，哲人老子所谓“金玉满堂，莫之能守”，确是至理名言。

「钟祥梁庄王墓出土金镶宝石帽顶饰」

「钟祥梁庄王墓出土和田青白玉透雕云龙纹玉带主体构件」

「钟祥梁庄王墓出土和田青白玉透雕秋山，雌雄双鹿悠然置身于灵芝、柞树与如意云彩之间，尽显静谧祥和」

「钟祥梁庄王墓出土绿松石执双荷童子佩」

钟祥梁庄王墓出土绿松石执双荷童子佩，稚童手执荷茎，两朵荷叶置于身后，低首赤足。剪纸般粗犷的琢刻刀法，活泼泼描绘出湖乡孩子以荷叶为伞嬉戏的顽皮情形。

江西南城明代益王家族墓葬用玉不如梁庄王多。但所出玉器之精致，一点也不比梁庄王差。明益宣王朱翊鈏夫妇墓出土金、银、玉、铜、瓷器和冠服等文物450余件。其中玉器，有玉带1条，组佩1套，另有玉猪与白玉镂空鸳鸯戏莲饰件等。这一和田白玉饰件形体不大，长5.3厘米，宽3.3厘米，通高4.2厘米，然色泽莹润，雕琢精细。一只鸳鸯浮于水中，嘴叼缠枝莲而戏，形态颇为生动。明益定王朱由木夫妇墓严重被盗，但考古工作者清理得到的一件玉带牌饰，仍然反映出其用玉的讲究。

「江西南城明益宣王墓出土白玉镂空鸳鸯戏莲摆饰」

「江西南城明益定王朱由木墓出土白玉透雕麒麟花卉玉带板」

「湖北蕲春刘娘井明代荆端王次妃刘氏墓出土镶嵌宝玉石金凤冠」

此外，湖北蕲春刘娘井明代荆王刘妃墓出土的金凤冠，上面镶嵌各类宝石，显示了与梁庄王墓一样的皇家富有特征。

清代用玉，一如明制。江苏吴县清毕源墓，也只有翡翠朝珠，仿古玉刀、玉斧及玉冠饰、玉笄、玉韘等，而没有玉制容器。不过，到清代后期，制度逐渐松弛，平民冠服用玉的情况已较普遍。如在冠前额上位置佩一块小型方玉牌，就较常见。

「清乾隆大禹治水图玉山」

明清玉器碾琢工艺，深受绘画、书法、工艺雕刻的影响，山水、鸟兽、花卉、人物故事成为重要题材。清代扬州琢制的“大禹治水图”玉山，以宋代国画《大禹治水图》为蓝本，追仿宋人笔意，构图上采用平远、高远、深远的“三远”法，或隐或起，层次明晰。

清乾隆大禹治水图玉山，为新疆和田青白玉，高2.24米，宽0.96米，玉材重达5350公斤，为世界特大玉山。费时六年在扬州琢成。从玉料输送至安置北京皇宫，一共费时10年。

“三远”风格，在小件玉雕上也有体现。现藏故宫博物院的“桐荫仕女图”玉雕，高15.5厘米，宽25厘米，纵深10.8厘米。器中为一圆月形门，门缝中开，门内外各有一少女，透过门缝作相互观望状。门外桐荫蕉丛、垒石假山，层次井然，一派江南园林风景。器底有乾隆“御题诗”及“御

“三远”法，是中国山水画的特殊透视法。指的是在一幅画中，可以有几种不同的透视角度，表现景物的“高远”、“深远”、“平远”。由北宋画家郭熙在他的著名山水画论著——《林泉高致》中提出：“自山下而仰山巅，谓之高远；自山前而窥山后，谓之深远；自近山而望远山，谓之平远。”

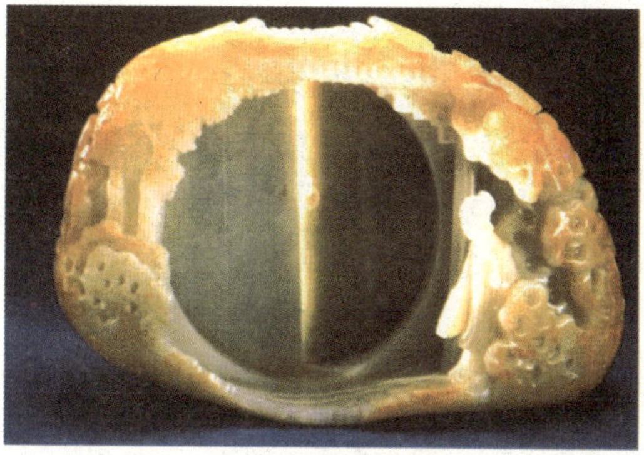

「清乾隆桐荫仕女图玉雕」

识”刻文各一。据诗文，此器成于乾隆三十八年（公元1773年），由苏州玉工利用制砚所存余料琢成。至于牛、马、羊、鹿、雀、鹤之类象生玉器，或追求工笔画的功力，对眼神、羽毛之类细部极尽能事，或大笔写意，追求简洁明快的效果。不少玉器对隐蔽之处也不肯轻易放过，必求圆润可人，玲珑剔透。

明清时的仿古玉器，较宋代有过之而无不及。其多以商周青铜器为样本，往往故意致残着色，追求古朴风格。纹饰则未必依仿原器，而是将不同时代、不同器物上的几种纹样汇聚于一器，以求更加美观。不过，与宋代仿古器不同的是不少在器底等不显眼之处，镌上某年仿古的标识，以免后人发生误解。这种态度，较宋人是强了许多——宋人的仿古，难避作伪的嫌疑。大概有意刻上款识，也许是因为看不惯那些以假充真的商人，而不愿把自己混为他们的同流吧。

明清宫庭玉器精美绝伦，民间玉石器的发展也不可小觑。苏州、扬州是当时玉石器琢制的中心，涌现出一批有影响的琢玉工匠。陆子刚就是其

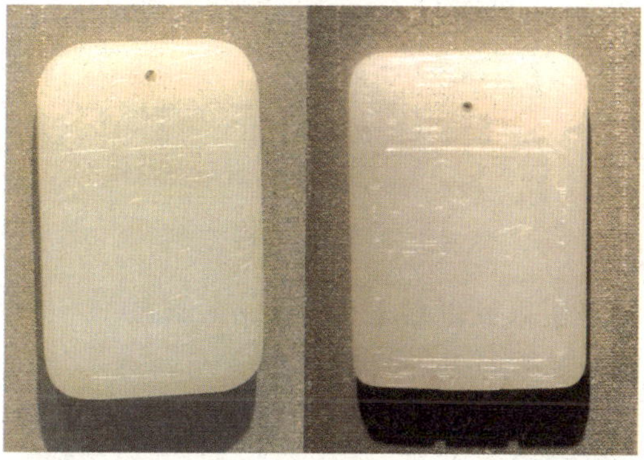

「苏州博物馆藏常熟出土明代“子刚”款玉牌(左)与清代传世“子刚”款玉牌(右)羊脂玉质玲珑剔透，毫无瑕疵；纹饰似毫发细丝，隐隐约约；挂于胸前，把玩掌中，其乐自得」

「武汉博物馆藏清代和田青玉童子牧牛」

「苏州博物馆藏明代芙蓉石执卷观音像」

中最著名的一位。子刚款长方形玉牌，就是其中典型产品。武汉博物馆藏清代和田青玉童子牧牛，琢工精细，形态栩栩如生。

明清时期玉石琢制上，还有一个重要现象，即普遍从玩玉向玩石发展，从而开发出一系列精美的石质产品。寿山石、田黄石、鸡血石、芙蓉石、菊花石，等等，皆名声鹊起，价格一路飚升。

纵观数千年长江流域玉石器的发展，脉络清楚，有自己独特的风格特征。不过，作为一种艺术门类，它在发展过程中必然受到来自各方面的影响，其中包括外来文化的影响。东汉以来，佛教从西域传入我国，玉石器上便增加了佛祖、菩萨、飞天、经幢等项内容。南北朝以来，西方玻璃器传入我国，玉器制作上又增加了模仿玻璃器的品类。清代乾隆时，有阿拉伯风格的痕都斯坦玉由西疆大臣等贡入内廷，弘历对此非常赞赏，并要求如意馆仿制，于是中国玉器中又增加了新的文化因素。明清以前，翡翠在中国并未受到重视，及至清代慈禧太后偏爱翡翠，于是上行下效，缅甸翡翠料源源不断进入我国，其身价不断攀升。此外，国外宝石的输入，更是深受人们喜爱，各种宝石戒面、坠饰风行。与此相适应，我国玉石器也受到了国外人士的青睐。于是中国玉石文化，逐渐汇入到世界玉石文化的大潮之中。

「苏州博物馆藏清代田黄老人摆饰」

田黄为寿山石之一种，产于福建，质地通透，价逾黄金。苏州博物馆藏清代田黄老人摆饰中的老人手执如意，依槎而坐；腹部衣结上缀以红宝石，更显气质不凡。

古玉疑云

长江流域古代玉石文化，源远而流长。应该说，每一件玉石器，背后都隐藏着不为人知的故事。想要完全破解，那简直是天方夜谭。这里，主要就人们最为关注的玉料来源与琢制工具问题，谈点看法。

新石器与商周时期长江软玉材料来源之谜

一群以树叶遮掩隐私部位的男女，因狩猎来到高山下河边的沙滩上。千百亿年以来，除了野兽与两栖动物之外，这里从未有人涉足。清澈的河水，倒映的青翠群山，河岸边遍野的鲜花与野果，让他们感到无上的惬意。现在，他们正在空旷的河滩上，拾柴生火，洗尘净面，准备享受一天劳累之后带回的劳动成果。突然，一个女人的高叫，如天籁般打破了旷野的宁静。众人立即围了过来，齐刷刷将目光对准女人手指的方向——清澈见底的河水中，有一样东西与西下的夕阳辉映，发出夺目的光彩。太阳从天上掉进了河里？经过一番虔诚的祷告之后，几个人跳进水中，开始了神圣的拯救行动。不过奇怪得很，她们进入水中之后，水里的太阳不见了。粼粼波光散开，一块瑰丽的彩石呈现在众人面前。于是，她们把它捞了上来，奉为太阳——万能之神的化身，并带在身边，时时加以供祭。

也许，这就是五彩玉石被原始人类首次发现时的一个典型场景。直到明清，人们在葱岭脚下白玉河、绿玉河中采集玉石，仍然是女人打头阵。它或许源于这一古老的传统。

「明代宋应星《天工开物》上的葱岭采玉图」

发现玉石之美并有意采集它，是人类审美意识的一个巨大进步。但是，想采集是一回事，什么地方能采集到它则是另一回事。人们在南京可采集到雨花石，在宜昌沮漳河能采集到玛瑙，是因为这些地方蕴藏此类宝物。如果没有合适的地质、地理条件，再怎么努力，也只会乘兴而来，扫兴而归。这是问题的关键所在！

玉石专家鉴定，长江下游地区河姆渡文化、马家浜文化出土的玉石器，长江中游大溪文化、屈家岭文化、石家河文化的玉石材料，大都属硬度较低的叶蛇纹石“假玉”（岫岩玉），另外就是玛瑙之类。此类矿料，在江浙及湖北一带存在矿藏，材料来源自然不成问题。它们与以角闪石类的透闪石——阳起石系列矿物为主体的软玉之间，有着本质的区别。

岫岩玉，以产于辽宁省鞍山市岫岩满族自治县而得名，为中国历史上的四大名玉之一。广义上可以两类，一类是老玉(亦称黄白老玉)，老玉中的籽料称作河磨玉，属于透闪石玉，其质地朴实、凝重、色泽淡黄偏白，是一种珍贵的璞玉。另一类是岫岩碧玉(亦称瓦沟玉引)属蛇纹石类矿石，其质地坚实而温润，细腻而圆融，多呈绿色至湖水绿，其中以深绿、通透少瑕为珍品。

阳起石，为硅酸盐类矿物。质地细腻的阳起石可以作为观赏石。纤维状的可用作工业石棉。

专家鉴定，长江下游崧泽文化、良渚文化玉器，安徽一带的薛家岗文化，乃至商周时期四川三星堆文化、金沙遗址文化玉器，其质料大部分为软玉。湖北武汉盘龙城遗址商代前期玉器，除了较多的叶蛇纹石玉之外，也有相当数量的软玉。

新疆和田一带盛产软玉，已是人所共知。但是，新石器与商周时代的长江人，受交通条件所限，又怎么可能从远在数千公里之外，并有重重高山与沙漠阻隔的新疆带回大量玉石？如果不是，则那时的软玉材料又从何而来？

「经初步打磨的青灰色梅岭玉」

为了解决这个问题，我国地质工作者进行了艰难的探矿求索。

功夫不负有心人。1984 年，江苏省地矿局组队在江苏宜兴—溧阳地区展开矿物调查，在溧阳境内与安徽广德毗邻的小梅岭一带，属于燕山期庙西花岗岩与古生代二叠纪栖霞组镁质碳酸盐岩的接触带中，发现了钙镁透闪石与钠透闪石矿。1992年，江苏省地矿局钟华邦先生将其正式命名为“梅岭玉”。1995年，他的名为《江苏溧阳南部梅岭玉的发现》的论文在《江苏地质》杂志上发表。

梅岭玉呈白色、灰白色、青色、浅绿白色，致密块状，质地细腻。摩氏硬度(H)为5.5~6度，坚韧且具一定透明度。经科学测算，它达到了所谓软玉的基本标准。

那么，梅岭玉和新石器时代的薛家岗文化、崧泽文化、良渚文化遗址中出土的软玉有没有关系呢？为此，地质矿产部地质研究所与江苏地矿局的专家们做了大量的分析比对工作。研究表明，二者在色、质、硬度乃至化学成份上基本一致。由此认定，本地区新石器时代软玉产地就在小梅岭。

长江下游地区新石器时代软玉问题基本解决，那么，上游地区成都一带商周时期的软玉来源又在哪里？

软玉，在国际检测标准上，没有软玉和硬玉之分。通俗讲，软玉是指闪石类中某些(如透闪石、阳起石等系列矿物)具有宝石价值的硅酸盐矿物。软玉有很多种，颜色也有很多，上品软玉一般质地细腻，韧性好，具有油脂光泽。中国新疆和田是软玉的重要产地，那里的软玉被人们称之为“和田玉”。

「龙溪玉料」

从文化因素分析，成都平原商周时期的三星堆文化、金沙遗址文化中，带有较多的下游地区良渚文化因素。因此，其部分玉石材料来自下游的梅岭，并不是不可能的。不过除此之外，该地区玉石材料呈现出多样性。专家认为其中大部分玉材为本地区出产的龙溪玉。

四川境内出产玉石，《尚书·禹贡》即有记载。它说：“梁州之域，厥贡璆。”

璆，就是一种玉石。《太平御览》与宋代杜绾撰《云林石谱》也有类似记载，称为“岷玉”、“永康玉”或“灌县玉”。现称其为龙溪玉。

龙溪玉因其实际产地在汶川县龙溪乡而得名。其颜色介于新疆和田青玉与黄玉之间，有青黑、绿、黄、黄绿等色。质地较好者呈油脂光泽，硬度与透明度较高。经分析，其优质者透闪石含量可达98%，其余为方解石，可称地道的软玉。

龙溪玉的质色、化学成分、物理学显微结构等，与成都金沙遗址中出土的玉戈、玉斧等基本一致。只是出土玉器受沁后显得色彩更加丰富。可知专家的认定，可信程度相当高。

由于长江上游与下游地区都有软玉矿藏，故长江中游包括商代盘龙城在内，软玉材料主要来自上述两个地点，是完全有可能的。不过，中游地区还有另一重要玉料来源，这就是南阳玉。

南阳玉产于河南南阳市北8公里的独山，又称独山玉。从现代科学观点看，它与只有一种矿物元素组成的硬玉(翡翠)、软玉不同，是以硅酸钙铝为主的含有多种矿物元素的“蚀变辉长岩”。

南阳玉硬度为摩氏硬度（H）6~6.5度，色彩丰富，有绿、白、紫、蓝、黄、红等多种颜色，几可与翡翠媲美，故国外有地质学家称其为“南阳翡翠”。不过，古人可没有这种现代科学观念，认为只要是“美石”就称之为玉。南阳玉开采与使用时间相当早。南阳县曾出土一件新石器时代晚期玉铲，经鉴定就是南阳玉。

「南阳玉料」

从上面介绍可知，长江流域古代玉石材料，大都是就地取材。这也和当时的社会经济发展情况、交通条件等是吻合的。且不说当时的长江人不知道新疆和田一带出产美玉，就算知道，也没有能力从那么遥远的地方取回几块石头！当然，各地域之间存在交流，是很早以前就发生的事情。少量玉器为和田玉，也不是完全没有可能。

说到这里，并不表示本地区软玉来源的问题已经完全解决。我们相信，只要抱以科学态度，锲而不舍求索下去，终将会有一个完美的结论。

长江古玉琢制工具之谜

玉石的硬度，大都在摩氏硬度（H）4~7 度。达到 7 度的玉石刚硬度，与现代玻璃相当。而玻璃，除了金刚石，即使用钢刀刻划，也极难在上面留下印痕。古人又是用什么方法把它们剖开成型，琢刻成器的呢？难道古人真能得到天外来客高科技的帮助或者神明的指点？

神明并不存在，天外来客也只见于科幻小说。要解决玉石琢制工具之谜，还得依靠实实在在的历史文物资料。

玉器的制作工艺技术，是从最古老的石器制作中逐步演变发展而来的。在 100 多万年以前，人类已经用石头打制石器。大约 60 万年以前的“北京人”，已用水晶制造工具。在此以后，人们常以石英、玛瑙、玉髓、透闪石、蛇纹石等今人认为可列于广义玉石的材料制作工具。毫无疑问，这些材料所制工具的方法，与其他一般旧石器的打制方法完全相同，形状也差不多。一两万年以前，在一些旧石器时代遗址或墓葬中，已经出现了骨针、骨锥、骨刀、骨鱼叉等磨制的工具，还有用兽牙、鸟类肢骨、贝壳、鱼骨、小砾石等材料制成的装饰品。这种磨制技术的出现，反映出人类即将跨入以磨制石器为标志的新石器时代。

「南京浦口营盘山第 30 号墓出土新石器时代玉璜」

新石器时代前期，人类的治石工艺已达到了较高的水平。无论是选料、截断、打击、琢磨、钻孔，都积累了丰富的经验。那时所用的治石工具，有石砧、石锤、石钻、骨钻、磨石，等等。特别是钻孔技术，在当时是最为先进的。石钻是选用坚硬而尖锐的玉髓类石头，在质地稍软的石器上反复用力旋转，并有可能用水作为辅助的润滑剂，以免磨擦过热而使石钻损失过甚。人们手握竹管、骨管之类，在石器的同一位置不断旋转，同时加入水和石英砂，从而产生水滴石穿的效果，钻出圆形的小孔来。钻孔技术与磨制技术的出现，奠定了玉器制作的基础。

管钻法：采用骨管和竹管之类在石器上钻孔的方法。它需要水和石英砂(解玉砂)之类作为辅助。

长江流城的良渚文化、薛家岗文化、石家河文化等，所出的玉石器的器形和装饰纹样均较复杂，标志着制石治玉工艺达到了前所未有的高度。在少数玉石器上，可以看到切割时产生的弧线痕、弧底凹纹，另外还运用了通体镂空和阴线刻镂的技法。这种随心所欲的切割、镂空、刻划，是用手执高硬度的尖状工具或绳索之类切割无法办到的。因此，我国研究玉石器的一些著名学者，如故宫博物院杨伯达先生，推测那时已有可能出现了碾琢玉石的砣机。这无疑是正确的。

砣机的出现，是玉石制作上一件划时代的大事。《尚书·尧典》有“璇玑玉衡，以齐七政”的记述。所谓璇玑，有人认为是星名，有人认为是测量天象的仪器。我们认为，它应是琢玉的机械。第一，此二字均作玉旁，当与玉有关。第二，璇玑实当为

良渚文化高大型玉琮(如图)(左、中：江苏武进寺墩遗址；右：江苏吴县草鞋山)除了长短不一，它们的形状基本一致，带有批量、程式化生产的迹象。不说别的，仅其方正平整、有棱有角的四方平面，就不是用绳索之类原始工具能够切割出来的。

「良渚玉器上的神人纹饰」

旋机。明代黄成《髹饰录》有“天运即旋床。有余不足，损之补之”一语。他所说的旋床，是一种制作漆器木胎的机械，其形制与明代宋应星《天工开物》插图上的琢玉的砣机相仿佛。将旋机加上玉旁，分明表示其与琢玉有关。第三，《尧典》这段话，若全录之是：“正月上日，受终于文祖。在璇玑玉衡，以齐七政。肆类于上帝，禋于六宗，望于山川，遍于群神。辑五瑞。既月乃日，觐四岳群牧，班瑞于群后。”除璇玑玉衡外，五瑞及“班瑞”的瑞字，都与瑞玉有关。整段话的意思分明是用玉器祭上帝，祭祖宗、山川及群神，订立使用瑞玉的制度，使四岳、群牧（百官）及诸侯（群后）各守其秩序，从而使国政整齐。可以说，夏代以前已经使用砣机的说法，除了玉器痕迹可做物证，还有了《尧典》这一文献上的依据。

「良渚文化玉钺上的钻孔痕迹」

良渚文化玉钺上的钻孔痕迹，注意上部废孔：砣机一钻下去，才发现钻错了位置，于是改正重来，中间留下未动的圆圈，表明钻孔工具为中空的圆管形或半圆管形；钻痕宽窄不一，表明钻具的稳定性、坚硬与锋利程度，对玉器的固定等，还存在一些问题。

明代宋应星《天工开物》上，有明代人使用砣机（旋机）的图画。这种砣机用脚为动力踩动踏板，带动金属砣轮飞速转动。操作时，需要加入金刚砂（解玉砂）和水，从而减少砣轮的磨损并增强琢玉的力量。琢玉人脚踩踏板，手拿玉石操作，其情形就与今日人们在砂轮上打磨物品相似。

明代砣机当然不是最古老的。现在的问题就是，做为砣机上最主要部件的砣轮、砣轴，是不是在更早就是用金属制作的？如果不是使用金属，又有什么材料可以代用？我们认为，除了使用装有矿物刃具的金属砣具外，实在想不出还有其他办法。关键在于，那时候有没有金属器。

「良渚文化玉琮」

良渚文化玉琮，注意顶部的切割痕迹，它留下至少三个切割平面(1—3)，近处的一个还留下了一道剖玉停止时的锯痕(4)，这表明对于稍大的玉器，需要从两面切割。

目前，在四五千年以前的，玉器制作高度发达的良渚文化等遗存中，考古工作者还没能提供其存在金属的直接证明，但这并不足以证明那时就一定没有金属器。历史上最早出现的金属器是铜器。在世界范围内，现在发现的最早的铜器出现在西亚。伊拉克北部的扎威·彻米（Zawi Chemi）遗址曾经见到用天然铜制作的装饰品，其碳 14 测定年代为公元前 9000 年左右。附近属于同一时代的沙泥达尔（Shanidar）洞穴遗址也出过天然铜饰件。伊朗南部的阿里·柯什（Ali Kosh）遗址也发现公元前 6500—公元前6000 年用天然铜锻造的器具。公元前 6000—公元前 5800 年，安纳托利亚（土耳其）及美索不达米亚（伊拉克及叙利亚东部）地区的人们已掌握了采矿和冶炼技术，用铜制作装饰品与小型工具，数量开始增多。伊拉克乌尔城址中公元前 2300 年左右的苏美尔阿卡得时代(相当于良渚文化晚期)，已有制作十分精美、剑柄上镶嵌青金石并有黄金剑鞘的铜短剑。

「明代宋应星《天工开物》上的琢玉图」

尽管目前在考古学上还没有西亚铜器有

可能传入我国的直接证据，中国的青铜文化很可能是本土独立发生与成长的，但是从器物发生学的角度观察，一种先进的工具一经产生，必然会对周邻地区产生影响，从而引起一系列变化，促进人类文明的整体发展。其他地区也有可能在不太长的时期内，创制出同样的先进工具来。在我国，目前已发现的年代最早的是1973年在陕西临潼姜寨仰韶文化遗址出土的残铜片，其年代经碳14测定在公元前4600年左右，比良渚文化上限要早1800年左右。经化验，这一铜片含铜65%、锌25%，另有少量锡、铅、硫、铁等，是一种杂质较多的黄铜。黄铜的硬度大，对冶炼技术的要求很高，因此人们对它的出现表示怀疑。但北京钢铁学院冶金史组经多次试验，认为“早期黄铜的出现是可能的，只要有铜锌矿存在的地方，原始冶炼（可能通过重熔）可以得到黄铜器物”。这一通过科学验证的结论应当是可靠的，公元前3200—公元前2000年以前，黄河流域发现铜器的地点很多，铜的种类有红铜、黄铜、青铜等，在此无需一一罗列。根据这些发现，不少考古学家主张把这一阶段称为“铜石并用时代”。这些，都可以确证中国新石器时代后期已经初步掌握了铜器冶炼铸造技术。我们根本没有必要为当时没有铜器等金属伤脑筋。

《竹书纪年》是春秋时期晋国史官和战国时期魏国史官所作的一部编年体通史，亦称《汲冢纪年》。《竹书纪年》记录了从夏朝到魏襄王(一说应为魏哀王)之间的重要历史事件，对研究先秦史有很高的史料价值。

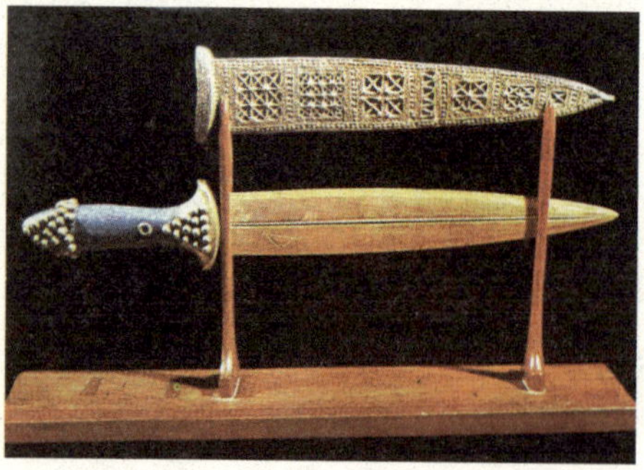

「伊拉克乌尔城址出土苏美尔阿卡得时代嵌青金石剑柄与带黄金剑鞘的铜短剑」

对于中国早期铜器的认识，中国考古学界曾经走过一段弯路。那时有一个影响很大的历史疑古学派，他们认为大禹是一条虫，司马迁《史记》中的《五帝本纪》及《夏本纪》纯属虚构，《竹书纪年》有关夏代历史的记述也是后人伪造，中国的青铜时代只能从商代开始。受其影响，考古工作者在田野考古工作中，如果在新石器时代晚期地层中发现了青铜或铜质物件，多半会怀疑自己把地层关系搞错了，以致于把本来属于商周的器物混到了新石器地层中。如果有谁认为新石器时代晚期存在铜器，那可是不得了的大丑闻！此时，考古学家为了维护自己的尊严，处理的方法大致有二：一是把这“晚期”的器物剔除，一是干脆归入晚期地层。这样一来，不少相关的信息就被否定掉了。直到后来越来越多的类似材料被发现，历史观念有了新的突破，年代测定方法上也有了进步，人们才记起了从前的错误，这种状况才得到了有效改变。原来，人们太低估了古人的创造才能与曾达到的文明程度！

那么，在良渚文化中，能不能寻找到与琢玉砣机有关的物件？回答是肯定的。我们认为，良渚文化的璧和琮，就是以砣机构件作为原型而琢制出来的，或者说，它们是象征性的砣机构件。

对于良渚文化玉璧、玉琮的原型问题，人们曾有许多不同的看法。玉琮的原型，有古代纺织机上提综开交的构件、图腾柱、手镯等多种说法。玉璧的原型，则有纺轮说与象征圆形天穹说等。

表面看来，璧在较良渚文化为早的崧泽文化中已有发现，将来甚至可能会在更早的文化遗存中见到，但是，崧泽文化的璧，直径很小，其实有可能就是用玉石制作的纺轮，而与其他众多的文化遗址中出土的陶纺轮没有本质的区别。良渚文化玉璧的形状也像纺轮。良渚人琢玉用的金属砣轮有可能就是受纺轮的启发而发明出来的。

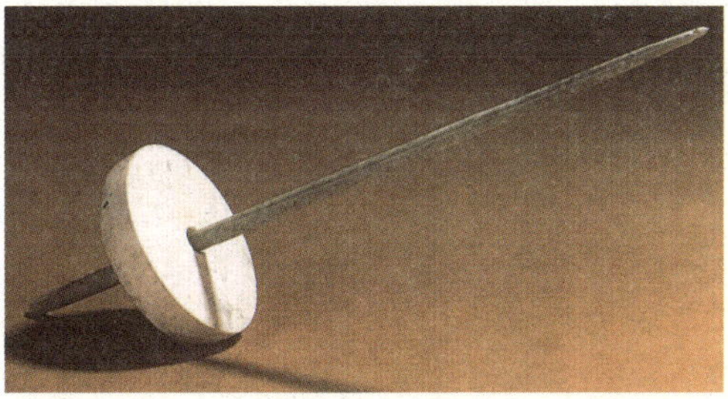

「良渚文化小型玉璧与细杆玉锥形器」

良渚文化小型玉璧与细杆玉锥形器，二者结合的形状，与旧时农村妇女纺纱时的竹质线轴及纺轮是否相似？或许，它正是某位贵族女主人纺线用的心爱之物。

玉琮的祖型应该是琢玉金属砣机的中轴。你看它的外表形状，两端所谓射的部分为圆形，而中段部分则为方形。方形部分又由凹下去的印痕区

「良渚文化圆体玉琮」

分成若干节。凹痕在转角部位刻划尤深，使角部变成圆弧状。这种外表特征是由它各自不同的用途而形成的。两端圆形的射，是为了让它固定在轴架中而利于旋转；中间的方形部位是供安装具有方孔的砣轮，使之在旋转时不至于滑动而影响效率；圆角的凹痕，则应是安装传动皮带的部位。但是，如果说璧象征砣轮，它中间的孔却是圆的，这又如何安装到方形的琮状机轴上去呢？我们注意到，在良渚文化中，除了这种方体琮，其实还有不少的圆体琮。并且，圆体琮出现的时间较方体琮为早。人们可能首先是将砣机中轴设计成圆形，在实践过程中发现其与砣轮容易发生滑动而影响工作效率，于是重新设计加以改正，从而使砣轴中部变成方形。因为最先出现的砣轮中孔是圆形的，人们琢制具有纪念意义的玉璧时，才把它的形状保留下来并成为定制，但是对具有同样纪念意义的玉琮却采取了不同的态度，中轴是圆形时则琢成圆形，改变成方形后又琢成了方形。

良渚文化中那种高大型玉琮，常常是一端较粗，另一端较细，中间又由凹痕分成多节（目前见到最多的是分成 19 节）。这说明当时一架砣机的轴上，可以安装大小不一的砣轮，以适应各种不同工艺的要求。而多道凹痕的存在，或者是传动皮带不止一条，或者是传动皮带便于随意调整到合适位置，或者是二者兼具。同时使用几条传动皮带，是防止皮带打滑而采取的措施，可以确保踏板动力带动中轴运转。

那么，琮的中间钻出圆孔，其象征的又是什么？我们认为，那是用于安装钻孔用的刃具的。以玉石的坚硬，钻孔技术要求的高精，非得特殊的钻具不可。别的不说，就说那种高大型玉琮，长度在 40~50 厘米（中国历史博物馆藏的一件玉琮长 49.2 厘米），从两端钻孔，每端要钻 20~30 厘米深度，钻具的长度应可想而知。尽管其钻杆是金属，在外面暴露的部分也不可能太长。太长，则在高速旋转时容易晃动，导致钻杆弯曲，钻头损坏，而把它藏于机轴管内，根据需要随时调整其长度，就能防患于未然。钻杆良渚玉琮依其形制特点，一般可分为扁圆筒形和方柱形两大类，其表面细密的阴纹线刻技艺达到了后世几乎望尘莫及的地步。不仅如此，良渚玉琮还以体大自居，更显它独特魅力。良渚文化中期以后盛行的是方柱形琮。方柱形玉琮四面中间立槽，槽两边基本等距，每节上下间距也几乎完全相等，而且玉琮兽面纹的构图也基本相同。至良渚文化晚期此种玉琮的节数增多，器身也增高，而其上所刻的兽面纹(神徽)则有由繁到简的趋势。

与机轴的连接，可能是用销钉来实现的。我们推测，玉琮上的圆形“兽目”，很可能就是固定钻杆的销孔的象征。而良渚文化中常见的那种锥形玉器，很有可能是以钻孔用的钻杆为原型。它上面的“兽目”，也许就是与琮上“兽目”配套的销孔象征。吴县草鞋山与良渚瑶山出土的玉锥形饰，中间作琮形，正像一件圆杆钻具固定在琮形的砣轴之间。其向我们暗示的，或许正是砣轴与钻具配套使用的情形！

通过上面的分析，我们可以比较清楚地看到，璧、琮、玉锥形饰，原型应是琢玉用的金属砣机构件——其基本构造，与后世人力带动的砣机并无太大不同。至此，我们就不难理解，它们为何成为良渚文化人们的喜爱之物，并作为祭祀等方面的礼器。在当时的生产条件下，能够创造发明那么先进的生产工具，不能不让人自豪。他们对这样的砣机，当然是视为圣物，于是就仿照它的形状琢出玉石制品，一方面将它神化而作为崇拜的对象，一方面又可炫耀于人。用这种玉石制品祭祀天地、祖先、山川神祇，都具有特殊的意义；将它收藏或

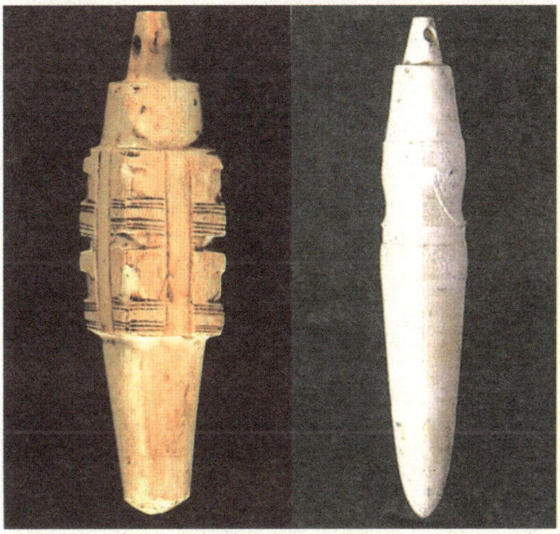

「良渚文化玉锥形饰(左：吴县草鞋山出土；右：余杭瑶山出土)」

作为馈赠的礼品，可以显示自己部族的伟大与文化的发达，激励全体民众的自信。当然，他们在制作这种玉器时，还进行了大量的艺术上的加工，而不是完全照搬原型。

解铃还须系铃人。良渚玉器琢制的最大秘密，其实就隐藏在玉器本身。一经破译，眼前便豁然开朗。至此，我们对良渚人已经使用金属砣机，对这种金属砣机的形状结构，对良渚文化璧、琮之类玉器的来源，及其包含的最重要意义，这样一系列的问题，可以说有了一个较为明确的认识。

陶瓷诗画

长江山水清新瑰丽，一派锦绣霞光。

气象万千的长江陶瓷与山水和谐相生，如诗，如画，使翠色增辉，锦绣添彩。它的出现，使人类告别野蛮，走向文明。直到今天，仍然与我们息息相关。

让我们洗尽岁月尘埃，一睹她秀美容颜。

千姿百态是古陶

陶器是女性首先创造发明的。

陶器的发明，距今大约1万年。那时正是母系氏族社会。

从云南傣族和台湾高山族的民族学材料看，制陶是妇女分内的事，男子只是偶尔充当她们的帮手，从事挖土、运土等辅助性劳动。它们所表现的，应该是母系社会中妇女制陶的一般情形。当然，在云南佤族与台湾耶美族中间，制陶已成为男子的专职，妇女则降为从事辅助性劳动。

江西万年仙人洞、吊桶环遗址，湖南道县玉蟾岩，江苏溧水神仙洞，浙江浦江上山等处，可以见到长江流域较早的陶器。它们经碳14测定年代为距今1万年左右。玉蟾岩陶器有圜底罐、釜之类，上饰粗浅的绳纹，胎厚而疏松，烧成温度不太高，保留有浓厚的早期陶器的原始风格。

早期陶器，往往摹仿篮子之类器物的形状，后来才发展成具有自身特点的器皿。它有时直接以篮子之类为模，在上面涂抹经揉合的泥土，阴干后加以烧制。因此在烧成后，篮子的印痕较为清晰。这就是所谓的篮纹。从这一点也许可以推知，发明陶器带有偶然的成分——也许某一次因为失火，将曾经涂抹稀泥的篮子烧毁，然后发现这烧结后的泥巴也可当器皿使用，于是由被动而趋向主动，就此发明了陶器。陶器与磨制石器差不多同时出现，它标志人类社会进入农业定居文明发展的新阶段。

「湖南道县玉蟾岩1995年考古发掘现场」

陶器自产生以后，成为人们日常生活的重要用品。其发展大致经历三个阶段：

新石器时代——陶器发展的高峰期；

商代至东汉——陶器为主，原始瓷滥觞并渐次增多；

东汉以后——陶器为辅而瓷器为主。

距今七八千年的新石器时代早期，长江流域出现了几支不同的考古学意义上的文化，这便是洞庭湖一带的彭头山文化与城背溪文化，鄱阳湖及赣江流域的仙人洞下层文化，杭州湾区的跨湖桥文化、河姆渡文化与太湖平原的罗家角类型文化等。

「湖南道县玉蟾岩出土陶釜」

彭头山文化以首先发现于湖南澧县彭头山遗址而得名。陶器几乎都是夹炭红褐陶。陶胎没有明显的夹砂或泥质的区别，而是采用含有细砂的黏土，并掺入大量稻壳和植物茎叶。器壁普遍厚重。烧造时受火不大均匀，通体杂色斑驳。器体歪斜而不规整，器表凹凸不平，有不少在捏塑成型时留下的手指印痕。纹饰主要是粗而杂乱的绳纹与网状或平行状的划纹。器类有罐（釜）、钵、盆、盘、壶、支座之类。形制简单，除少数三足器外，大多是圜底器。三足器的出现，为以后制作陶鼎一类炊器奠定了基础。

「湖南澧县彭头山文化陶双耳罐」

釜，炊器。圆底而无足，必须安置在炉灶之上或是以其他物体支撑煮物。釜口是圆形，可以直接用来煮、炖、煎、炒等，可视为现代所使用“锅”的前身。

河姆渡文化是以1973年发掘的浙江余姚县河姆渡遗址命名的。陶器以夹炭黑陶为主。胎壁厚，质地松，重量轻，吸水性强。烧成温度低，其中的植物羼和料仅达到炭化程度。手制的器形粗劣，器体常有不同程度的歪斜偏扭。这些都反映出制陶技术还较原始。器表盛行繁密的花纹。除拍印的绳纹与刻划或戳印的斜线纹、圆点纹、水波纹、弦纹外，还有堆塑的动物纹与用浓彩涂画的图案。器类有圜底的釜与平底的钵、盘以及器

「 河姆渡文化遗址出土的猪纹黑陶钵 」

盖等。

距今六七千年的新石器时代中期，陶器制作更步入佳境。

大溪文化得名于1959年发掘的重庆市巫山县大溪遗址。其承袭彭头山文化及城背溪文化而来，主要分布在湖北、湖南北部及三峡地区。大溪文化的陶器以红陶为主，但早晚有一定变化。早期多为夹炭红陶，器表大多涂深红色陶衣。并且，有些陶器的外表为红色，内表却是黑色或灰色。器表多素面，纹饰有简单的戳印纹和镂孔。出现少量彩陶。器形有釜、碗、钵、盆、罐、盘、支座等，而以折肩圈足罐、三足盘、鼓形器座等具典型特征。中期夹砂陶比例增大，并有一定数量的红褐胎黑皮陶和白陶，但以泥质红陶为主。纹饰以刻划、戳印最为常见，而成三角形、工字形、长方形、半圆形多种形状。彩陶比较常见。其或在红色陶衣上绘黑彩、赭彩，或在白色陶衣上绘红彩、黑彩、赭彩，有点状、曲线状、菱形网格纹、草叶纹、弧边三角及复合组成的花瓣纹、索形纹。常见器型有折沿圈足盘、簋、高把豆、曲腹杯、筒形瓶等。晚期仍以泥质红陶为主，但黑陶、灰陶的比例增加，彩陶纹饰趋于简化。一些磨光黑陶和灰陶上施加红彩，图案与红陶上施加的黑彩相同。

「 大溪文化红陶釜(左)与彩陶瓶(右) 」

大溪文化的陶器在手制基础上经过慢轮的整修，其泥质陶（无论红、黑、灰、白陶）

簋(guǐ)，是古代中国用于盛放煮熟饭食的器皿，也用作礼器。圆口，双耳。新石器时代的簋为陶制品；青铜时代多为青铜铸造，是贵族礼制中的标志性器具之一。

豆，形似高足盘，或有盖。新石器时代晚期开始出现，盛行于商周时，多陶制，也有青铜制或木制涂漆的。后世也作礼器。

胎质细密，表面多有经特殊的磨光处理，因此，尽管其烧成温度并不高（600℃~800℃），但仍显得比较坚硬，叩之铿锵有声。其中，以白陶和薄胎彩陶最为突出，代表了较高的工艺水平。湖南澧县汤家岗遗址出土的白陶圈足盘，通体饰有类似浅浮雕的印纹，图案复杂精细。湖北枝江关庙山遗址出土的薄胎细泥彩陶圈足碗，胎厚仅1~1.5毫米，犹如蛋壳，绘以棕红色的多种纹饰，虽经数千年浸蚀却完好如初。

「湖南澧县汤家岗遗址出土白陶圈足盘」

「大溪文化陶支座，用于支撑釜一类炊具」

长江中游地区的新石器时代早中期，人们已经有了神灵崇拜的信仰。饰有彩绘的陶器，大都为祭祀用器，有的学者甚至直接称其为“艺术神器”。湖南洪江高庙遗址的皂市下层文化遗物中，发现有距今约7000年的戳印兽面纹、凤鸟纹图案，其艺术性几可与良渚玉器和商周青铜器纹饰图案媲美。

「高庙遗址出土7000年前陶器上的凤鸟纹(上)与獠牙兽面纹(下)」

「浙江嘉兴马家浜遗址出土红陶囊形盉」

马家浜文化承袭河姆渡文化及罗家角类型文化而来，以后则发展为崧泽文化及良渚文化。该文化陶器以夹砂红褐陶为主，次为泥质红陶、灰陶与黑陶，很少有彩陶。手制基础上采用了慢轮修整技术，器形较为规整。主要器类有釜、鼎、豆、罐、钵，另有碗、盆、盘、壶、甑、器盖、支座等。器表少纹饰，但多见在釜、鼎、钵、罐上安装器耳和把手。

甑(zèng)，古代蒸食用具，与鬲通过镂空的箅相连，用来放置食物，利用鬲中的蒸汽将甑中的食物煮熟。单独的甑很少见，多为圆形，有耳或无耳。

距今四五千年为新石器时代晚期，亦有人称之为“铜石并用时代”。此时大致已进入父系氏族社会阶段，并已开始步入国家文明的门槛。从考古学文化看，长江中游以屈家岭文化与随之而来的石家河文化为代表，下游地区则以崧泽文化及其后继者良渚文化为代表。

屈家岭文化以湖北京山屈家岭遗址而得名，主要分布在江汉平原而西达三峡、北至河南西南部、南至湖南北部、东至鄂东一带。其承大溪文化发展而来。陶器多为黑陶与灰陶，有少量红陶。不过，随着时间的早晚，黑陶渐次减少而灰陶不断增加。泥质陶为主，其余则为夹砂陶。部分器物已采用了轮制技术。器物表面没有纹饰的占很大比例。有纹饰的，则往往饰弦纹、瓦棱形纹、带状附加堆纹、篮纹等。器形较多，有圈足碗、钵、鼎、罐、豆、杯、盆、盘、壶形器等，而以双腹器、壶形器最具文化特征。

「湖北京山屈家岭遗址出土彩陶壶形器」

屈家岭文化的彩陶器非常醒目。薄如蛋壳的彩陶杯、碗，胎厚仅0.5~2毫米。光洁的表面，用点、线及至晕染法饰彩，描绘出各种有趣的图案。彩陶纺轮更是特色独具。它通常以圆孔为中心，以旋转方式分组绘彩。还有屈家岭遗址出土的一件绘彩的空心陶球，内置泥丸数粒，摇之有声。

屈家岭文化因发现于湖北京山屈家岭而得名，分为早、晚两大时期。早期有斧、锛、凿和穿孔石耜等器，磨制一般比较粗糙。黑陶多，灰陶次之，黄陶和红陶较少。陶器表面多数为素面磨光。晚期磨光石器增加，双肩石锄是屈家岭文化常用农具之一。以种植水稻为主，家畜以猪和狗为主。出现了彩陶纺轮。

石家河文化得名于湖北天门石家河遗址群。陶器以夹砂、泥质的灰陶为主。器表大都素面无纹。纹饰以篮纹最多，其次是弦纹、附加堆纹、方格纹、绳纹及镂孔。陶器制法有手制、轮修和轮制。器类繁多，有鼎、罐、甑、碗、钵、豆、盘、杯、鬶、壶、缸、器盖、器座等。麻面宽扁足或竖道凸棱宽扁足的盆形鼎、侧三角形足上有按窝的罐形鼎、盆形甑、碗形豆、大口径圈足盘、厚胎杯等，都很有特色。

「石家河文化陶鬶」

鬶(guǐ)，古代陶制或铜制的一种炊事器具，三足(多为空心)，有柄和流。

崧泽文化得名于上海青浦崧泽遗址。它承袭马家浜文化而来，向后发展为良渚文化。这一文化的炊器主要是鼎。它的彩绘陶豆、陶人像葫芦瓶、黑陶竹编织纹带盖罐等，颇具特色。

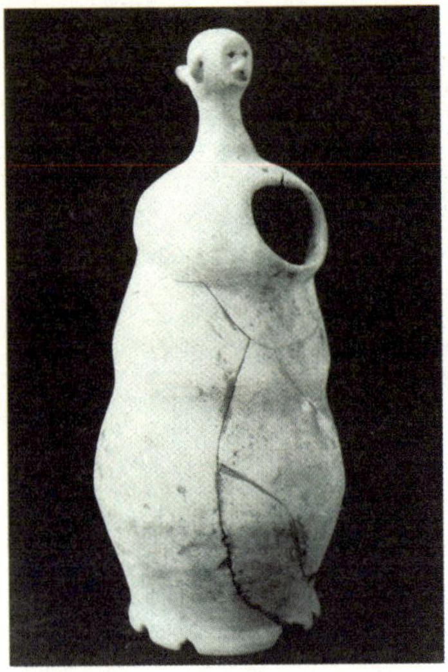

「 崧泽文化陶人像葫芦瓶 」

「 崧泽文化陶鼎(左)与竹编织纹带盖罐(右) 」

良渚文化得名于浙江余杭良渚遗址群，主要分布在太湖地区。它以玉石文明的高度发达而闻名中外。陶器以泥质灰胎黑皮陶和夹砂灰黑陶为主，其次为泥质灰陶，有少量红陶。普遍采用快轮制陶，器物形态规整，胎壁厚薄均匀。器物表面多经打磨而显光洁亮丽，一般不加花纹装饰。有纹饰者常见弦纹、竹节纹、镂孔和刻划的网状纹，还有极少的彩陶及髹漆陶器。常见器形有鼎、罐、碗、钵、盘、豆、杯、壶、盆，还有少量的簋、鬶、尊、缸。其以鱼鳍形侧扁足鼎、贯耳壶、宽把带流壶等最具特色。

「 良渚文化凤鸟图案黑皮陶宽把带流壶 」

纵观新石器时代陶器，早期多夹炭，火候偏低且受火不匀，器类、纹饰也显单调。中期起多为夹砂和泥质陶，制法除手制外，还采用了慢轮修整技术，器形规整，器类、纹饰增多，并有一定数量的彩陶，其质量明显提高。晚期陶色多为灰陶或黑陶，有的采用快轮技术，形态规整，厚薄均匀，器类增多，但纹饰却往往不及中期繁复。这种变化，与当时人们的制作技术、审美心理等密切相关。

「 良渚文化飞禽图案黑皮陶贯耳壶 」

湖北武汉盘龙城遗址下层与江西樟树筑卫城遗址中层，年代上可能处于夏代范围。此时陶器，有夹砂、泥质红陶与灰褐陶及磨光黑陶。值得注意的是，开始出现少量火候较高的硬陶与白陶，这与商代本地区的吴城文化、下游地区湖熟文化、马桥文化的硬陶与原始瓷之间有着紧密的渊源关源。

商代长江流域的陶器，文化面貌比较复杂。大致包含有这样三个部分：一是中原商文化陶器，二是本地土著文化陶器，三是硬陶与原始瓷。其中，江汉地区的盘龙城文化、江西吴城文化的中原文化特色较浓，宁镇地区的湖熟文化、太湖平原的马桥文化则土著特色较浓。

武汉黄陂盘龙城遗址的时代，主要属商代前期。陶器以夹砂陶为主，泥质陶次之，硬陶最少。陶色有橙红、红、橙黄、黄、灰、黑、泛白色等。纹饰有绳纹、篮纹、弦纹、条纹等。陶器种类很多。器形有鬲、甗、瓮、罐、爵、尊、杯、瓿、壶、盆、碗、盘、缸及冶铜用的坩埚等。

「盘龙城遗址出土的陶鼓形壶」

鬲(lì)，古代炊器，有陶制鬲和青铜鬲。青铜鬲最初是依照新石器时代已有的陶鬲制成的。其形状一般为侈口(口沿外倾)，有三个中空的足，便于炊煮加热。青铜鬲流行于商代至春秋时期。

甗(yǎn)是中国先秦时期的蒸食用具，可分为两部分，下半部是鬲，用于煮水，上半部是甑，两者之间有镂空的箅，用来放置食物，可通蒸汽。

江西清江吴城文化陶器，以夹砂或泥质的灰陶为主，红陶、黄陶次之。纹饰有绳纹、附加堆纹、弦纹等。器形有鬲、罐、豆、盆、尊之类。另有较多的硬陶及原始瓷器。

上海马桥遗址中层为代表的马桥文化陶器，以夹砂、泥质的红褐陶为主，次为灰陶，有一定数量的硬陶与原始瓷。纹饰有绳纹、篮纹、弦纹等。器类有鼎、甗、罐、盉、豆、尊、觚、觯等。这里没有中原常见的鬲，却有特色独具的陶鼎——特别是足呈舌形的陶鼎，与良渚文化的鱼鳍足鼎有某种相似之处。

盉(hé)，古代酒器，多用青铜制成，多为圆口，腹部较大，三足或四足，用以温酒或调和酒水的浓淡。盛行于中国商代后期和西周初期。

觯(zhì)，是中国古代礼器中的一种，盛酒用。流行于商朝晚期和西周早期。商朝时，觯为小瓶形状，大多有盖子，圆腹，侈口，圈足。西周时，出现方柱形的觯。春秋时，觯演变成长身，形状像觚。

觚(gū)，古代一种用于饮酒的容器，也用作礼器。圈足，敞口，长身，口部和底部都呈现为喇叭状。

长江流域西周时期的陶器，其情形与商代近似。一方面，中原周文化对邻近的中游地区具有强烈的影响，灰色陶胎，施有绳纹、附加堆纹、弦纹之类的鬲、盆、豆、罐成为最主要的器类；另一方面，本地土著文化以顽强的生命力不断发展，出现了一批具有地方特色的陶器。并且，硬陶与原始瓷在下游地区甚至成为主流，反过来给中原地区以较大影响。

东周时期，诸侯争雄。长江中游地区属于楚文化分布区，下游地区则形成吴越文化区。楚国陶器以褐胎黑皮陶、褐陶为主，其次为灰陶。器类，春秋时主要是鬲、盂（盆）、罐、豆及长颈壶等，战国时则多见仿铜的陶礼器如鼎、簠、敦、壶。吴越地区普遍以原始瓷、硬陶为主，较少见有

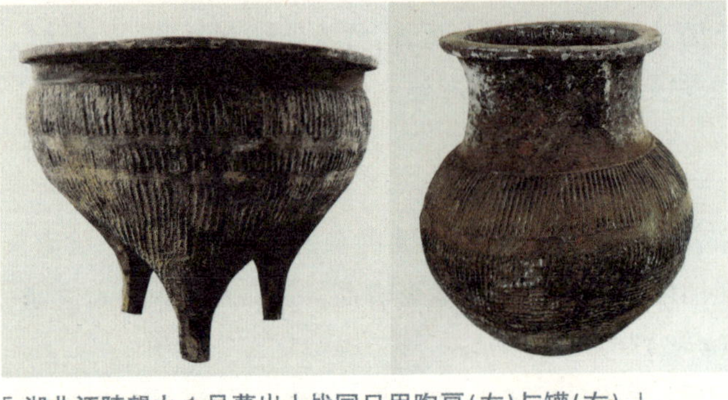

「湖北江陵望山 1 号墓出土战国日用陶鬲(左)与罐(右)」

夹砂、泥质的红、灰、黑陶器。介入楚、越之间的鄱阳湖区，文化面貌亦介于二者之间。

「湖北江陵望山 1 号墓出土战国仿铜陶方壶」

秦至东汉，长江中游与下游地区基本沿袭战国格局。中上游地区以灰陶为主，有少量硬陶、釉陶与原始瓷，器类有鼎、壶、钫、及仓、灶、井及陶俑之类模型明器。下游地区则以原始瓷器为主；至东汉晚期，青瓷器全面取代了陶器与原始瓷器。

东汉以后，陶器仍然与青瓷器等一并使用。但人们的主要精力，花在了青瓷等器物上。并因瓷器用釉的影响，汉代以后有很多釉陶。唐代新出了三彩陶，宋代宜兴开始出现紫砂陶。这些，我们在后面再作介绍。

「四川出土东汉人物说唱俑」

长江流域是一种“多水的陶文化”区域，其器物造型与纹饰风格，无不打上这方面的烙印。除了“水”的因素外，各个民族部落，都有自己的文化传统，这在陶器造型上也打下了深深的烙印。南方人喜用釜做炊器，由此而派生出放釜的陶支座与圈架。南方多竹，于是有些陶器就做成竹节形。大溪文化的直筒形彩陶瓶，实际上就是模仿竹筒的形状制作出来的。

明器，其义有二：一是考古学上所指古人下葬时具象征意义而非生前实用的冥器；一指古代诸侯受封时帝王所赐礼器宝物，即“明德之器”。这里说的是前者。

「 屈家岭文化彩陶纺轮，左上角一件绘有最古老的太极图形，右下角一件似乎书写有 5 个尚未识别的文字 」

长江流域的彩陶与彩绘陶，从数量上看远不及黄河流域，但它的纹样却具有自身特点。屈家岭文化的彩陶纺轮就是一个明显的例子。这种纺轮多施橙黄色陶衣，上绘红褐色彩纹。图案有等分圆面的平行短直线纹、平行短弧线纹、卵点纹、同心圆纹、连续螺旋纹及平行长弧线构成的旋涡纹等。纹饰多以圆孔为中心，布局匀称。特别是石家河遗址出土的一件，上面明显有太极图的原始图案。

别具风骚原始瓷

长江流域是我国发明瓷器的重要地区。

瓷器的产生与发展，与其他事物一样，有一个由低级向高级、由原始到成熟的发展过程。它经历了“陶器—原始瓷器（特别是硬陶）—瓷器”这样一个发展过程。这样说，并不意味着某件瓷器一定比陶器晚，某件陶器一定比瓷器早。实际上，自产生以后，很长时间内它们是并行发展的。

硬陶具有细腻、坚硬的胎质，烧成温度比一般陶器高，器表饰有拍印、刻划的各种纹饰。据研究，所用原料带有部分高岭土，但含铁量较高，所以胎质多呈紫褐色、红褐色、灰褐色和黄褐色。它表面没有施釉，但有时却因烧结熔化而产生釉状光泽。叩击它，可以发出和原始瓷器类似的清脆响声。

原始瓷是用瓷土(高岭土)制成的。原料中铁的含量很低,较少熔剂,从而可以提高烧成温度,生成莫来石和较高的玻璃态,增强胎质的透明度和白度。它基本具备致密、不吸水、白色、有一定透明度和机械强度、表面施釉等瓷器必备的性能和条件,但又处于由陶器向瓷器发展的过渡阶段,是一种低级阶段的瓷器。

原始瓷器与硬陶相比，有着坚硬耐用、器表有釉不易污染及光洁美观等优点。它的釉色呈黄绿色或青灰色。据化学分析，那是一种石灰釉，是用石灰石与黏土配制烧成的。

「武汉盘龙城遗址出土商代前期硬陶尊」

硬陶出现的时间，目前来看略早于原始瓷。但大致可说是一对孪生兄弟。湖北武汉盘龙城遗址商代前期陶器中，已有一定比例的硬陶。也就在此地，发现了施有青釉的数量较少的原始瓷残片。商、周时期，硬陶与原始瓷不仅往往在墓葬中同出，也在窑址中同现，同窑共烧。并且，二者的造型特征、纹饰风格也往往相同。从制法上看，它们基本上是采用泥条盘筑的方法成型。表面纹饰，则是在盘筑成器后，一手拿蘑菇形状之类的“抵手”抵住内壁，一手用刻印有花纹的拍子在外壁拍打，从而使上下泥条结合牢固。这样，内壁留下“抵手”凹窝而外表留下纹饰。不同之处在于，原始瓷的制作比硬陶要多一道工序，这就是涂釉。涂釉因器而异。有的内、外壁涂满，有的则只涂上半部。原始瓷釉厚薄不均匀，并有流釉现象。

商代硬陶与原始瓷的常见器形有瓮、罐、罍、尊、碗、簋、豆等。拍印与刻划的纹饰，有方格纹、叶脉纹、锯齿纹、云雷纹、网纹、S形纹、圆圈纹、弦纹、绳纹等。较盘龙城遗址略晚的江西樟树吴城遗址出土的一件高圈足假腹原始瓷豆，灰白胎质细密，表面打磨光亮，浅盘内表和喇叭罍(léi),古代大型盛酒器和礼器。流行于商晚期至春秋中期。罍有方形和圆形两种,方形罍出现于商代晚期,而圆形罍在商代和周代初期都有。从商到周,罍的形式逐渐由瘦高转为矮粗,繁缛的图案渐少,变得素雅。

「江西樟树吴城遗址出土商代原始瓷假腹豆」

「江西樟树吴城遗址出土商代原始瓷四系罐」

形圈足下部施深褐酱色釉，腹部饰六圈由凸弦纹、鱼尾纹、燕尾纹和圈点纹组成的复合图案。一件敛口原始瓷罐，灰白胎质，表施米黄色釉。口、肩部饰三道绳索状堆纹，口沿周边有四个对称的桥形纽。这些器物都显得精细别致，具有地方特色。据统计，相当于商代中前期的吴城一期文化，硬陶与原始瓷（包括所谓“釉陶”）在陶片中的比例，分别占 16.28%与 4.03%；相当于商代后期的吴城二期文化，硬陶占 21.82%，原始瓷（“釉陶”）占 5.08%；商末或西周前期的三期文化，硬陶占 22.58%，原始瓷（“釉陶”）占 19.2%。原始瓷占如此高的比例，在同时代各文化中绝无仅有。

湖南南部的安仁何古山、衡阳金山岭遗址，时代属商代晚期至西周前期的陶片中，硬陶的比例竟达到 50%左右，比吴城遗址中硬陶和原始瓷相加之和还多出十几个百分点。其器形有罐形鼎、圆腹罐、折肩瓮、圈足豆，折腹盆等，纹饰则与吴城文化雷同。而福建境内遗存，硬陶的比例则还要高。约当商代中期后段的闽侯昙石山遗址上层，硬陶比例已达到 52.63%，并且其火候高，硬度强，叩之发声清脆，质量很好。约当商晚期的闽侯黄土岭遗址和墓葬，出土的陶器几乎全是硬陶。常见的器形有甗、杯、豆、罐、壶、钵、簋、盂、鼓形器、罍形器，禽形壶等。其中，圜底甗、双喇叭口圈足壶、杯口双系壶、竹节状凸棱豆、觚形杯、禽形壶、鼓形器等，造型奇特，风格独异，富有浓厚的地方特色。虽然这里目前尚未发现青铜器，但硬陶器造型和纹饰却具有明显的仿铜器风格，表明其社会发展已进入青铜时代。

商代黄河中下游的河南、河北、山西等地，也有硬陶与原始瓷出土，但其器物种类与数量，远不及长江中下游地区。郑州商代前期遗址出土的硬陶与原始瓷，器形只有罍、尊等两三种，数量则不及陶瓷总数的万分之一。商代后期安阳一带所出，也只有尊、罍、豆等五六种，数量比例也达不到千分之一，并且其纹饰种类也只有方格纹、云雷纹等少数几种。这种情况表明，硬陶和原始瓷首先是从长江中下游地区发展起来的，黄河流域只是受到了它的部分影响。

西周时期，长江流域的硬陶和原始瓷又有了新的发展。江西、江苏、浙江乃至湖南、湖北各省，都有较多的发现，但以江浙地区发展最快。

「浙江德清出土原始瓷卣(上)与大口尊(下)，其纹饰与西周晚期青铜器相类」

太湖与杭州湾地区，这时期的生活器皿普遍以硬陶和原始瓷为主。硬陶制作工艺进入极盛阶段，原始瓷也得到急剧发展。硬陶多夹细砂，火候较高，陶胎也较厚，胎色一般为紫褐、灰褐与紫红。器物多为平底器，种类有罐（坛）、瓿、罍、尊、瓮、碗、豆等。原始瓷有的胎质灰白坚密，釉面青亮，光泽度很好，质量相当高。器类有豆、尊、折腹罐、圆腹罐、碗等，而以豆最为常见。纹饰则有曲折纹、云雷纹、方格纹、席纹、叶脉纹、弦纹、水波纹等多种，且常常在同一器物上同时使用多种纹饰，组成复合图案。

宁镇、皖南地区，硬陶与原始瓷发展也很快。其出土陶器中，硬陶占30%左右，原始瓷占到10%。器类与太湖地区近似。釉色则有青褐、姜黄、青绿等。有的釉色青绿而明亮，几乎可以和六朝时期越窑青瓷媲美。纹饰与太湖地区风格相近，并具有西周铜器纹饰的某些艺术特色。

福建地区在西周前期开始出现原始瓷器，至晚期而数量大增。器类有罐、钵、碗、豆、盂、瓮、杯、碟等，而以罐为常见。釉色有淡黄、青黄、黄褐、黄绿等，纹饰则不及江浙地区复杂。

江西与湖北东部地区，硬陶与原始瓷也有较大发展。器形有尊、罐、钵、豆等，而以豆为普遍。纹饰则有拍印或刻划的方格纹、网结纹、回字纹、变体云雷纹、变体兽面纹、曲折纹、旋涡纹、叶脉纹、米字纹、田字纹、蕉叶纹等三四十种。往往几种纹饰并用，形成组合，并具有模仿青铜器纹饰的特点。

「湖北随州叶家山28号西周墓出土的原始瓷瓮(上)与瓷尊(下)」

「湖北随州叶家山65号西周墓出土的原始瓷带盖豆」

「湖北随州叶家山65号西周墓出土的原始瓷带盖三系罐」

「浙江萧山出土春秋原始瓷尊」

西周时期的黄河流域，很少见有硬陶。但原始瓷器数量虽然不多，却有较多地点发现，遍及北京、河北、山东、河南、山西几个省市。不过，那些器物，有的可能是从南方传输而来，有些可能是在当地仿制的。从器形、纹饰、胎质几个方面观察，没有超出长江流域原始瓷器的范围。

东周时期，长江流域的硬陶器基本承袭西周晚期的发展，器物种类、形制、纹饰，均没有多大变化。但原始瓷的质量又有提高。由于绝大多数器皿从泥条盘筑的手制成型改为轮制成型，因而器形规整、胎壁减薄，厚薄均匀。胎壁变薄，促使瓷土加工变细，所以胎质也变得细腻。这时的胎质，多呈灰白色与黄白色，只有少数还是原来的紫褐色。釉色分别呈青绿、黄绿和灰绿。器形有仿铜的鼎、尊、鐎壶及罐、瓿、碗、杯、豆等，饰有弦纹、梳齿形竖条纹等数种纹饰。此时江浙一带的硬陶和原始瓷在陶器中所占比例在90%以上。出土陶瓷器中，通常硬陶与原始瓷各占一半。这些器物的形制，带有较浓厚的吴越文化色彩。

「苏州真山吴墓出土春秋晚期瓷盖碗」

当地常见的敛口鼓腹平底瓿，一般肩腹部饰以弦纹与竖直梳齿纹，通体施青黄色釉。与此相同的器物，在湖北黄冈国儿冲、武汉汉阳熊家岭的战国中期楚墓中也曾发现过。这些器物都很规整，胎质细密，厚薄均匀，全系轮制，釉的厚薄适中，质量已与东汉晚期的标准青瓷接近。

江西、福建地区的硬陶与原始瓷，可以江西贵溪崖墓出土器物为代表。1978年及稍后，江西考古工作者在该地清理了18处洞穴，共出陶瓷器137件。其中有硬陶器66件，占48.1%；原始瓷器49件，占35.8%。二者合计共占83.9%。硬陶质地坚硬，扣之有声。据轻工业部陶瓷工业科学研究所测试，烧成温度达1220℃，与东汉青瓷1260℃~1310℃的烧成温度十分接近。这表明当时的烧制技术已达到相对高的水平。其器类有鼎、罐、甑、钵、碗、杯等。纹饰有方格纹、米字纹、弦纹、绳纹、麻布纹、S形纹、梳齿纹、圆圈纹、蕉叶纹、云雷纹等，而以方格纹、米字纹、蕉叶纹为多。原始瓷的器类有罐、瓿、碗、杯、碟等，造型特征与江浙地区同类器略似。其时代在战国早中期。

江汉平原及其周边地区，此时基本不见硬陶。原始瓷的发现区域，主要在鄂东、汉阳一带。目前还不清楚它们在本地区的消退原因何在。

这一时期的黄河中下游地区，硬陶和原始瓷很少发现。其中原因，既可能与技术相关，也可能与传统习惯相关，也可能与诸侯割据、南方器物不能北输相关，总之比较复杂。

秦汉时期，南方的原始瓷制作技术更趋成熟，质量大多接近青瓷。也因如此，硬陶的品类却日见减少，只剩下拍印方格纹与席纹、米字纹等的陶罐之类。在东汉前期的很多墓葬中，这种饰方格纹的硬陶罐是最常见的器物。东汉晚期，青瓷器大量出现，所谓的“原始瓷”不复存在，硬陶也终于完成了它的历史使命。从此，中国陶瓷进入新的发展阶段。

商周时期硬陶与原始瓷在南方兴起，并不是偶然的现象，而是有其深刻的原因。大致上有这么几点：

第一，南方具有丰富的制作硬陶与原始瓷的矿物原料。南方山区，地形起伏，地质情况较为复杂，一般矿物原料，往往处于地表，较易获取。

「浙江萧山出土战国原始瓷瓿，同类的瓿在湖北汉阳、黄冈战国中期楚墓中有所发现」

第二，新石器时代以来，南方制陶技术就比较发达，为发展硬陶与原始瓷提供了必要的技术基础。龙窑的出现，使烧制火候较高的硬陶与原始瓷成为可能。

第三，南方民族具有的开拓、创造精神，促进了硬陶与原始瓷的开发。自良渚文化以来，长江流域以玉石制作为代表的生产技术已处于全国前列。但是，良渚文化的消亡，使南方的科技发展遭受严重挫折。商周时期的青铜冶炼与铸造，绝大部分控制在中原王朝的手中，南方民族基本上与此无缘。然而南方人善于创造的天性并未泯灭。他们在中原王朝的允许范围内，研制开发出堪与青铜器皿媲美的硬陶与原始瓷器，用以满足生活的需要。

第四，贵族因缺乏青铜礼器而追求原始瓷器，在客观上促进了它的发展。两周时期宁镇、皖南地区的土墩墓，其中随葬有大量原始青瓷。其功用其实与青铜礼器没有两样，也是身份地位与财富的标志。江苏丹徒谏壁粮山的土墩石穴墓，时代在春秋前期。封土墩高 4 米，底径为 14 米，石穴穴口长 11~12 米，宽 6~7 米，规模很大，属当地高级贵族墓无疑。墓主缺少鼎、簋之类青铜礼器随葬，却有原始瓷罐 13 件，碗 26 件，并有一组璜、玦、珠、管组成的玉串饰。属于西周晚期的石桥华山大笆斗墩，封土墩高4.25 米，直径达 60 米，也应属高级贵族墓。其中随葬青铜器虽然只有一剑一凿，却有大型原始瓷尊 2 件、罐 3 件、碗 19 件、豆 1 件、盏 1 件。我们以历史背景分析，应可肯定与青铜资源控制不足有关。毕竟，中原的礼制只适用中原王朝及其认可的范围，并不完全适用于南方。南方贵族虽然想极力模仿中原礼制，怎奈受人控制，不能如愿。就是在这种夹缝中，贵族追求奢靡的心理在客观上促进了南方原始瓷的发展。

「浙江德清亭子桥古窑址出土战国仿铜原始瓷鉴」

千峰翠色话青瓷

从商代的原始瓷到东汉晚期的青瓷，大约经历了1600年。原始瓷向青瓷的演变，是一个不间断的连续过程。因此，在原始瓷和青瓷之间划一条界线，颇令考古与古陶瓷专家们为难。这既涉及瓷器发明的时间，又涉及对瓷器概念的理解。

中国古代，人们是将陶瓷视为一体的。东汉许慎的《说文解字》，将陶瓷器统称为瓦器，并无“瓷”字，五代时徐铉校定该书，才将“瓷”字附上。“瓷”字的使用，目前公认的是晋代潘岳（公元247—300年）的《笙赋》，其中有“披黄苞以授甘，倾缥瓷以酌酃”字句。给“瓷”字以确切解释的，是唐人张戬的《考声切韵》，其谓“瓷，瓦类也，加以药面而色泽光也”。从中可见古人是从表面有釉来判定瓷器的。宋人丁度的《集韵》称，“瓷，陶器之致坚者”，注重的却是其胎质的致密与坚硬，反映了宋代人们的认识。如果依据古人对瓷器的界定，商代的原始瓷就可直接称之为瓷，而不必前加“原始”二字。古人不会叫自己为“原始人”，也不会称自己所制瓷器为“原始瓷”。

现代人从瓷器发展漫长历史出发，在将远古瓷器与后世各代瓷器加以比较之后，提出“原始瓷”的概念，却也不是完全无据。正是由于立足点不同，目前学术界才对瓷器的发明时间有着各种不同的看法。一种观点认为，在3300多年以前的商代，已经有了瓷器。根据是郑州商代遗址出土的尊，其胎色灰白，质地坚硬，表面施釉。一种观点认为，我国的瓷器应源于唐代。这主要是以瓷器的化学成分为依据而提出来的。介于上述两种观点之间，还有多种不同的意见。不过现在大多数人认为，商周瓷器选料不精，工艺较简陋，技术不成熟，带有较多的原始性，可以称作原始瓷或早期青瓷，到东汉青瓷技术才真正成熟。所以应把瓷器出现时间定在东汉。

认定瓷器出现于东汉，主要有这样两条标准。

第一，东汉青瓷已具备瓷的各种条件，而在此之前则有不少欠缺。东汉青瓷吸水率仅0.28%，与后世瓷器十分接近；而原始瓷因对瓷土的筛选、淘洗不精，颗粒粗，间隙较大，吸水率虽然比一般陶器小得多，但远没有达到后世瓷器的水平。东汉青瓷的烧成温度，经测定已达1300℃左右，其抗弯强度达到700千克/平方厘米，是原始瓷的2~3倍；透光性较原始瓷好得多，显微结构也与近代瓷基本相同；胎质中含铁、钛等元素量极低，接近近代瓷的水平；釉层比原始瓷显著增厚，有较强的光泽度，胎釉结合紧密牢固，等等。

「东汉越窑青瓷钟」

第二，东汉青瓷的烧造，已经形成窑系，并成为一个与制陶相区别的新的独立的手工业部门。以前陶瓷不分家，兼造兼烧。东汉瓷窑一般不再烧制陶器，从而在长江下游地区形成了越瓷窑系。这是瓷器烧造技术成熟的一个重要标志。

青瓷是指东汉以后直至明末清初烧制的一种瓷器。其胎质呈灰白或米黄色，釉呈较为纯正的青色或青黄色。其中以南宋龙泉窑烧造的青瓷质量最高。

由原始瓷发展为瓷器，是陶瓷工艺上的一大飞跃。瓷器比陶器坚固耐用，清洁美观，又比铜、漆器造价低，而且原料分布广，蕴藏丰富，各地都可烧造，所以一经出现，迅即获得人们喜爱，成为十分普遍的日常生活用具。

「东汉越窑水波纹双耳青瓷瓶」

东汉青瓷以浙江上虞等地所产最为有名。此外，江西、湖南、四川等地，可能在那时也已出现专烧青瓷的窑场。东汉青瓷常见的器类有碗、盏、盘、钵、盆、洗、壶、钟、甑等，纹饰有弦纹、水波纹、网纹、方格纹、重线三角纹等。器形与纹饰大都沿袭原始瓷的风格特征，表明其刚从原始瓷中脱胎而来。

三国至南朝，是长江流域青瓷烧造的重要时期。窑场遍布长江上、中、下游，器物品类越来越多。常见的器物有盘口壶、鸡首壶、净瓶（唾壶）、罐、盆、钵、碗、槅、砚、香炉等。纹饰有弦纹、水波纹、方格网纹、铺首及堆塑的人物、神佛像、飞鸟、走兽、亭阁楼阙等。

盘口壶是一种盛酒(水)的器皿,其口部较大,曲折似盘,便于扣盖封闭;颈部较细而腹部较大,肩腹部有系可供穿绳提携。

盘口壶因时代早晚不同，形制略有变化。东吴时盘口小，颈较矮短，壶身肥大，肩腹部分界明显。以后盘口逐渐增大，颈变长，壶身也变得瘦长。有的盘口壶还有一些特殊的装饰。

「南京博物院藏东晋桥形四系龙首鋬鸡首壶」

鸡首壶的壶体与盘口壶类似，区别在于其安装有鋬与鸡头形壶嘴。早期的鸡头实心不通，仅有装饰作用，东晋以后慢慢演变成有通孔的鸡头形流。1972 年南京化纤厂东晋墓出土的一件，底部刻“罂主姓黄名齐之”七字，可知这种器物的名称本来叫“罂”。

长江下、中、上游的青瓷器，总体上看，器形、纹饰都比较接近，但也存在不少地方差异。现从中、下游瓷器的比较略加说明。

「南京博物院藏西晋青瓷堆塑人物飞鸽魂瓶」

第一，器形方面，中、下游有很多同类产品。但下游地区常见的扁壶、魂瓶（谷仓罐）等不见或少见于中游。同样，中游地区的穿山甲形镇墓兽、人物俑、有高墙及护卫阙楼的长方形庄园模型、口吐长舌的镇墓俑等，少见于下游。

魂瓶，又称“谷仓罐”“堆塑罐”。它由汉代的五联罐演变而来，是中国长江中下游地区三国两晋时期墓葬中特有的随葬品。

第二，装饰方面，中游地区用佛像装点香炉、酒樽，用蛙形装点砚盖，将虎子提梁做成虎形等，少见于下游。下游地区的油灯、香炉之足常制成熊形等，亦少见于中游。

「武汉黄陂出土三国时期青瓷坞堡」

第三，胎釉方面，中游地区青瓷烧结程度不及下游高，胎釉结合不甚牢固，釉易剥蚀，表明其技术不及下游江浙地区成熟。

「长沙西晋墓出土青瓷军阵俑」

「江西博物馆藏洪州窑东晋青瓷六系罐」

这一时期的青瓷器上，已出现以氧化铁为彩料的褐彩。1983年，南京中华门外一座吴晋时期墓葬中，出土一件青瓷釉下彩带盖盘口壶。壶盖的鸟形纽旁为褐彩柿蒂纹，盖面则有仙草、水禽、

江西博物馆藏洪州窑东晋青瓷六系罐，明显可见青釉剥蚀及着釉不均、流釉的情形；长江中游地区包括江西、湖北、湖南等省出土的六朝至唐初青瓷器，普遍存在这种现象，这是本地区青瓷不及越窑青瓷的一个重要原因。

「南京中华门外吴末晋初墓葬出土青瓷釉下彩带盖盘口壶」

人首鸟身神怪；颈部绘七只异兽，腹部绘21个持节羽人及云气纹。彩上罩有透明青釉。这件釉下彩瓷，奏响了我国彩瓷的序曲。

此时较常见的彩瓷，是一种釉上褐色点彩。其一般装饰于盘口壶、碗、钵、洗、罐的口沿及把手上。江浙越窑、瓯窑、德清窑、湖南岳州窑（湘阴窑）都生产这种彩瓷。浙江温州东晋墓出土的鸡首壶，盘口、鸡首、把手上有点彩，肩腹部还有分成八个区间的点彩花饰。南京东晋墓出土的罐、碗、钵上，有长短粗细不等的条形褐彩。这种釉上褐彩，也是以氧化铁为彩绘原料。

六朝时期南方青瓷的广泛流行，也给北方地区以很大影响。从现有材料看，北方青瓷的烧造大约始于北魏晚期。河北、河南、山东、山西、陕西等地出土的青瓷器，胎与釉普遍结合不好，胎质厚薄不一，质量较差，品种也不及南方多。其器物都施满釉。虽由轮制成型，但修整不甚细致，带有早期瓷器的特征。其烧制技术还处于较为初级的阶段。

唐至五代，南方青瓷“百花齐放”。越窑、瓯窑、婺州窑、岳州窑、长沙窑、洪州窑、邛崃窑等，都烧制出了不少青瓷精品。

越窑青瓷承南朝风格而更有发展。原料加工和制作较先前更加精细，瓷土经过很好的粉碎和淘洗，坯泥在成型前经过反复揉练，器形规整，胎面光滑，釉层均匀，滋润而隐露精光，如冰似玉。

「美国大都会博物馆藏唐五代越窑刻花龙纹盘」

「苏州虎丘云岩寺塔基出土唐五代越窑“秘色”青瓷莲花碗」

「首都博物馆藏五代韩佚墓出土越窑仙人宴饮青瓷执壶」

晚唐五代时期，越瓷更显精巧，被称为“秘色瓷”。其胎质细腻，胎壁较薄，表面光洁，器形规整，口沿细薄，施釉均匀，滋润有光泽。

「长沙隋墓出土青瓷龙首盉」

「长沙唐墓出土青瓷乐俑」

陆羽《茶经》：“越州瓷、岳州瓷皆青，青则益茶。”岳州窑窑址在湘阴境，又称湘阴窑。其烧制瓷器，大概起于汉末，至晋而盛行。隋唐岳州窑器，在武汉一带同期墓葬中出土较多。其多为碗、茶盅、盉、盂、多子盒、盘口壶、鸡首壶、砚、人物俑、十二生肖俑等品类。长沙隋墓出土青瓷龙首盉，唐墓出土的青瓷人物俑，可以视为其中精品。

长沙窑始烧于唐而终于五代。其以创新、独辟蹊径为特点。瓷器式样之多，在当时全国各大瓷窑中名列前茅。并且由于它广泛采用釉下彩和模塑贴花工艺，在“彩”“饰”两点上狠下功夫，每件产品都能让人耳目一新。唐代诗人刘言史诗中有句“湘瓷泛轻花”，如果不是指岳州窑的印花、划花纹饰，就一定是指长沙窑的彩饰。

长沙窑瓷器胎质，大部分呈灰白色，少量白中微褐，或表面呈砖红色。外观不透明。化学检测表明，灰白胎含有氧化硅、氧化铝、氧化铁、氧化钙、氧化镁、氧化钾、钠等多种元素。烧成温度约1270℃。胎上多施底粉。釉色主要为青绛色、青黄色，还有少量白釉、褐釉。釉质精细莹润，釉面见有细碎开片。其釉上彩绘有褐、蓝、绿色，系在未烧的瓷胎釉面上作画，然后入窑一次烧成。釉下彩绘有两种技法。一是用彩色在坯胎上作画，然后罩一层青釉；一是在坯胎上刻划出花纹，再在花纹上填涂彩

「唐代长沙铜官窑釉下彩釉花卉纹罐」

色，然后才罩釉，也是一次烧成。其彩绘原料，主要是铁和铜。用铜元素做装饰着色剂，是长沙窑的一项创举。

长沙窑的器类，主要有盘、碟、碗、杯、洗、盆、瓶、罐、壶、枕、盒、文房用具及各种人和动物瓷塑。其中以壶的形制最多，碗、碟、罐等次之。瓷壶的款式有几十种之多。壶口可分直口、喇叭口、洗形口；壶腹分长腹、圆腹、瓜棱形腹、扁圆形腹、椭圆形腹、袋形腹，其高矮、肥瘦、深浅、弧度各有不同；壶流、壶柄也是匠心独运，随形变换，无不得体。其以印花或贴花，彩绘各种花鸟走兽蛟龙，或写诗题铭为主要特征。

「唐代长沙铜官窑青釉贴花舞蹈纹瓷壶」

邛崃窑是四川地区代表性窑址，位于四川成都南面100公里处邛崃市郊，是我国唐代名窑。诗圣杜甫《又于韦处乞大邑瓷碗》诗赞：“大邑烧瓷轻且坚，扣如哀玉锦城传。君家白碗胜霜雪，急送茅斋也可怜。”可知唐代大邑邛崃窑产品，质好量多，深得四川民众喜爱。据研究，其创烧于东晋南朝，盛于隋唐，结束于南宋。唐代邛崃窑器形繁多，器物造型具四川地区特色。如提梁罐、带夹层的省油灯便是。其彩斑、彩绘装饰与长沙窑有很多共同点。近代历史上，邛崃窑经历过严重盗掘，1936年是乱掘的最高峰。当时担任邛崃驻军首领的唐式遵，每天派出三四百名士兵挖掘古窑文物以谋取私利，保存千年的古窑址遭到空前破坏。

「重庆中国三峡博物馆藏唐代邛崃窑白釉褐绿彩带盖瓷罐」

由于青白瓷的兴起，宋代青瓷的数量在

各地锐减。但也就在此时，浙江龙泉窑的青瓷工艺达到了历史的巅峰。

「四川遂宁南宋窖藏出土龙泉窑粉青釉仿铜鼎式炉」

龙泉窑创烧于北宋，开始时受越窑、瓯窑、婺州窑的影响较深，烧制与三窑特征相似的瓷器。南宋时形成一个以龙泉为中心的庞大窑系。受当时青白瓷系的影响，并为满足南宋宫廷、官家的需要，它在南宋中期以后烧制出具有自身风格特点的梅子青、粉青釉青瓷。

南宋时期的龙泉青瓷，釉层厚而浊重，不透明，但有玉质光泽，温润至极。其胎有白胎与黑胎两类，前者约占90%。白胎为白中泛青，釉层柔和，足底露胎处常呈赭红色，俗称“朱砂底”。黑胎呈灰黑色，胎薄釉厚，称作“铁骨”。

龙泉窑部分瓷器口沿因釉薄而显紫色，圈足底无釉处呈铁色，被称作“紫口铁足”。

「四川遂宁南宋窖藏出土龙泉窑“梅子青”釉鼓腹贯耳瓶」

「四川遂宁南宋窖藏出土龙泉窑“梅子青”釉荷叶盖罐」

「四川遂宁南宋窖藏出土龙泉窑梅子青釉莲花瓣五管壶形器」

龙泉窑瓷器釉色美，器物造型也美。器形有各类盆、碟、盘、碗、盏、壶、瓶、水盂、水注、香炉、塑像以及模仿铜器、玉器的鬲、觚、觯、琮，等等。并且，每类器物都有多种式样。炉有鼎式炉、葱管足炉、八卦炉、四足炉、奁式炉等，瓶有胆式瓶、鹅颈瓶、龙纹瓶、虎纹瓶、带盖瓶、五管瓶、琮式瓶、梅瓶、贯耳瓶、双凤耳瓶等，壶有大口广腹刻花执壶、卵圆腹长流执壶等。碗、盘、碟、盘多仿唐宋金银器，口、腹作成花瓣形。装饰以刻花为主，另有印花、划花等，题材有花卉、蕉叶、莲瓣、双鱼、飞雁、云水等。一种浅平小碟，碟心刻一条尾巴弯卷的游鱼，或者刻刚刚出水的鞭芙蓉，其造型纹饰与陕西耀州窑产品异曲同工。

为了对宋代龙泉窑工艺进行科学总结，我国专家对其进行了深入的研究。结果表明，龙泉青瓷属于石英—高岭土—云母质瓷器，与江西景德镇瓷类型相同。青釉分为石灰釉与石灰碱釉两类，前者见于五代与北宋，后者在南宋以后。石灰碱釉是在石灰釉中掺入用砻糠制成的“乌釉”而成。这种釉可以厚涂而又不致于造成流釉现象，从而使器物外观显得比较饱满与柔和。其在1180℃~1230℃的烧成温度中，便是所谓的粉青釉。如果涂上比粉青釉更厚的釉层，将烧成温度提高到1250℃~1280℃，并有较强的还原气氛，便成了梅子青釉。粉青釉的釉色可以与青玉、碧玉相类，梅子青釉则可与翡翠媲美。

「苏州博物馆藏元代龙泉窑瓜楞纹荷叶盖罐」

龙泉窑在元代仍很兴盛，因行政区划又称为“处州瓷”“处瓷”“青处器”。至明代中期以后，质量下降，失去了类玉的效果。清初，龙泉窑停止烧制，其技术传统则被江西景德镇吸收继承。至此，光艳照人的龙泉窑，给我国历史悠久的青瓷工艺画上了一个圆满的句号。其他各地的青瓷烧造，也在清代基本结束。

唐代人们称越窑釉质“如玉似冰”，釉色为“千峰翠色”。但他们料想不到，南宋龙泉青瓷才真是巧夺天工的人造美玉。清代乾隆皇帝爱好古瓷，对宫中所藏时加鉴赏，作咏瓷诗一百七八十首，其中有多首涉及龙泉青瓷。一首《咏龙泉窑碗》云：

“越冶无夏云，龙泉存晓星。中规体月魄，尚质色天青。珍自等瑶璧，德犹宗土硎。浇书取适可，讵必斗茶经。”

龙泉青瓷如春天的绿原，如习习的晨风，给人以无比的愉悦；它形制规整，质色晶莹，价值连城……总之，任凭怎样赞誉，都不算过分。因此，对其备加推崇的，又何止乾隆一人。

星汉灿烂兔毫斑

晴日夜空，万里无云。月儿还未升起，只有满天繁星在不停地闪烁。是的，那神奇的星空，曾赋予多少人无尽的遐思。

或许是得自它的启迪，古代的南方人烧制出一种非常特别的瓷器，这便是所谓的“兔毫釉”“油滴釉”。这是一种釉色绀黑的瓷器。釉面经过特殊的加工，而出现细长的条纹状结晶，很像兔毛，因而被命名为“兔毫釉”；它又银光闪烁，很像鹧鸪的羽毛，有人便称之为“鹧鸪斑”。有一种在黑釉面上散布成片成串的银灰色光泽圆点，很像晴日的星空一般诱人，被称为“油滴釉”。还有一种黑釉产品，因窑变而成为蓝、黄、黑色相间，斑烂绚丽，有如海龟的色调，被称为“玳瑁釉”。“油滴釉”与“玳瑁釉”产品在阳光的侧照下，都可产生赤橙黄绿

「南宋建窑黑瓷盏」

「南宋建窑“天目油滴釉”黑瓷盏」

青蓝紫七色宝光，炫人眼目，让你怀疑它是不是人力所为。

驱车福建建阳，再向东数 10 公里，来到一个叫水吉的小镇，可以看到昔日生产这种瓷器的窑址——建窑。从武夷山发源的南浦溪，自北而南从小镇旁汩汩流过。建窑众多的窑址，便散布在溪水两傍的山坡上。

无论文献记载还是考古印证，都可确定建窑是宋代新兴的黑瓷窑之一。它最初只是烧制民间用品，后来慢慢引起官家乃至宫廷的注意。在水吉镇窑址的废墟之中，人们不时可以捡到一些底足刻有“供御”“进盏”字样的残盏，作为这一历史的见证。

据说，宋代人十分喜好饮茶。茶叶经揉制发酵，做成一个个膏饼。人们饮茶时，就从膏饼上掰下一块，放在茶碗内，再沏以刚刚烧出的开水。作为夸耀富贵的一种手段，人们不仅对茶叶质量多有讲究，对盛茶的碗、盏也多有追求，以便泡出来的茶具有观赏价值。那时的茶盏，有黑釉、酱釉、青釉、青白釉、白釉五种釉色，而茶初沏时会泛出一层白色的水泡。要与这水泡相映衬，显然以黑釉茶具最好。不仅如此，人们还把沏茶作为一种赌博手段，称作“斗茶”。谁沏的茶最好看且品味最正，谁就是赢家。蔡襄《茶录》曾谈及建安斗茶。这种斗茶习气，不仅盛行于民间，而且流传入宫廷。正是因为这样一种特殊需要，黑釉瓷盏才得到了极大的发展。宋代建窑的瓷器，绝大部分就是这种黑釉盏。

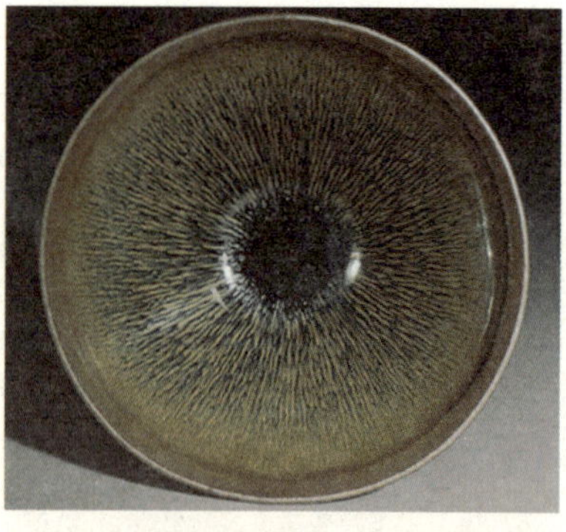
「南宋建窑黑瓷盏内的“兔毫釉”」

建窑茶盏，特别是兔毫盏，在当时

斗茶先斗色。建安人对当地所产的一种半发酵的白茶评价很高。因茶色贵白，黄白色显浑重，青白色显明澈，所以当地人判青白胜黄白。再看茶汤，以茶汤先在茶盏上沾染一圈水痕的为输家。

名士骚客的诗文中多有称颂。

宋初陶谷《清异录》记："闽中造盏，花纹鹧鸪斑点，试茶家珍之。"

苏东坡《送南屏谦师》："道人绕出南屏山，来试点茶三昧手。勿惊午盏兔毛斑，打出春瓮鹅儿酒。"

在《方舆胜览》《宣和遗事》《诚斋集》等典藉中，都有这方面的记载。其或称玉毫、异毫、兔毫霜、兔褐金丝，都是指的兔毫盏。

"兔毫""油滴"是怎样形成的？我国科学工作者为解开这一迷团，进行了深入系统的研究。结果表时，以铁元素为主的化合物是黑釉的主要着色剂。当瓷器烧制温度在1280℃左右时，氧化铁分解并形成气泡，同时向釉面上升并排出釉面，随后釉面再度变平；气泡及其周围形成氧化铁的富集区。冷却时，这些富集区逐渐形成过饱和状态，并以赤铁矿和磁铁矿的形式从中解析出晶体，从而形成"油滴"。如果釉层过薄，或者温度控制不当，就不能得到满意的结果。当瓷器烧制温度在1330℃左右时，坯胎中的赤铁矿成分会熔入釉中，并在表面形成富集区而产生流动构成条纹。冷却时就从中解析出赤铁矿小晶体，这样就形成了"兔毫"。至于黑釉斑蓝色窑变产品，实在可遇而不可求，至今还没有完全弄清楚它所形成的机理。

「日本九州博物馆藏南宋建窑"天目油滴釉"镶金边黑瓷盏」

宋代烧制黑釉瓷的窑场，除建窑外，在长江流域乃至北方地区还有多处，但都不如建窑有名。浙江金华武义窑、江西吉安永和窑、湖南湘乡棋梓窑、四川邛崃窑等，都可见到与建窑类似的产品。永和窑的匠师，还把当地民间的剪纸花样移植到了黑釉茶盏上。其题材有象征春天即将来临的梅花，有用以祝福的吉语。并且，他们还通过特殊的工艺，利用树叶在釉上烧出叶纹。这些都是永和窑的特色，进一步丰富了瓷器装饰的艺术内容。

「吉州窑"玳瑁釉"黑瓷盏」

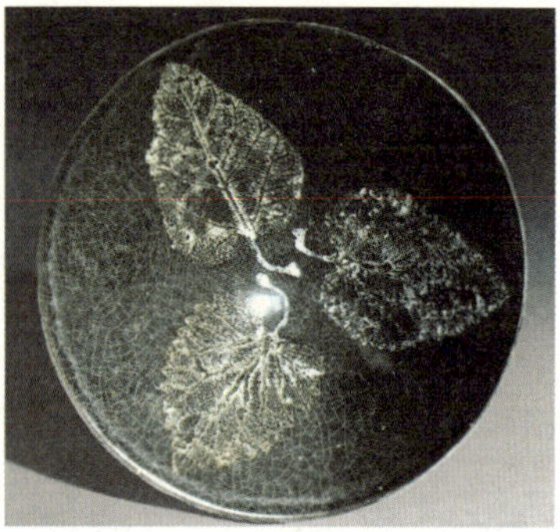
「吉州窑黑瓷盏内的木叶纹图案」

黑釉瓷的烧制，在长江流域有悠久的历史。早在东汉，浙江上虞、宁波一带窑址中，就有黑釉瓷器发现。湖北、江苏、安徽等地的东汉、南朝墓中，也出土过黑釉瓷。其中安徽亳县出黑釉瓷的墓葬，有“建宁三年”（公元170年）的确切年号。这表明黑釉瓷的出现，比这一年还要更早一些。这些黑釉瓷，还带有早期瓷器的特征，坯泥炼制不精，胎质不够细腻，器类也较少。汉末至南朝，位于杭嘉湖平原西端天目山下的德清窑，更是以黑釉瓷为大宗产品。其釉层较厚，釉面滋润，部分佳品可以与当时的漆器媲美。

「湖南湘乡棋梓窑出土蓝色窑变“兔毫”黑瓷盏」

「成都清白江区景峰宋墓出土邛崃窑黑瓷盏」

其后，在北方的黄河流域，也出现了烧制黑瓷的窑场。正是由于雄厚的基础，宋代的黑釉瓷生产才得到充分的发展，并达到前所未有的高度。

实际上，黑瓷与青瓷，是同一根株的孪生姐妹。它们不仅差不多同时出现，在早期还是同窑共烧，制作技术也基本相同，而它们达到技术的高峰，同样是在宋代。研究表明，黑瓷与青瓷釉色的区别，与釉汁中铁的含量有直接的关系。青瓷釉中含铁量一般在1%~3%，低含量时，釉色显淡青，再高则渐趋浓青；如果再加大含铁量，使其所占比例在4%~8%，烧出来的便是黑瓷。古代窑匠能根据胎质原料与器物形制随心所欲地烧制这些瓷器，表明他们已经比较熟练地掌握了釉色生成的化学原理。

「苏州博物馆藏东晋黑釉鸡首壶」

人工假玉青白瓷

早在汉代，景德镇就已可能烧制青瓷器。但它能够成为中国“瓷都”，首先是因为它创烧了青白瓷。

青白瓷又叫影青瓷。它的胎质与釉色，介于青瓷与白瓷之间。也就是说，它用的是青瓷的釉，白瓷的胎。

我们已经知道，青瓷胎质多有不纯，精美主要靠釉面修饰。青白瓷则不同。它是在白瓷的胎质上，施上薄而透明的青釉。远观可见釉色的滋润；细品可见胎质的细腻。好比一个天生丽质的美人，不需浓装艳彩的打扮，举手投足间，处处显示迷人风姿。因此，自从青白瓷一问世，便迅速获得人们的普遍喜爱。

「景德镇青白瓷“斗笠”盏」

青白瓷蔚然而兴，开创了时代新风。它胎薄质好，形制规整，不少具有半透明的玻璃质感。且工艺先进，烧造量大，价格相对便宜，从而使下层民众能够第一次使用如此精美的瓷器。尽管有越窑及后来的龙泉窑等少数高档青瓷窑址，可以与青白瓷一较高下。但其烧造量毕竟有限，无法满足大众需求，故根本无法与青白瓷比销量，比市场前景。没有多少年，它就把大部分青瓷窑场的风头压了下去。很多原来烧制青瓷的窑场，为求生存，只得转头改烧青白瓷。

景德镇青白瓷“斗笠”盏，是当时最常见的品类之一，极薄的胎质具有透光效果，是名副其实的假白玉；它与下图中的执壶、莲花碗同出自武汉黄陂一座并不起眼的北宋时期小型砖室墓中，表明身份不高的下层人物也可使用如此高档的瓷器。

「武汉黄陂北宋墓出土的景德镇青白瓷瓜棱形执壶」

从《景德镇陶录》看，青白瓷创烧于唐初武德年间（公元618—626年）。据说当时有陶、霍两家烧造青白瓷，其质薄色润，佳者莹缜如玉，人称假玉器。因被作为贡品进献给朝廷，受到重视而名声鹊起。但是，因为在景德镇一带至今尚未发现属于唐代的青白瓷窑址，也没有在陕西关中唐墓中见到青白瓷实物，所以目前陶瓷史界对这种记述存有疑虑。不过，湖北武汉等地一些青白瓷窑中，见有五代时的产品，而它们又是受景德镇的影响发展起来的。如果考虑到这种时间差，景德镇存在唐代青白瓷窑的可能性还是有的。

宋元时期，景德镇青白瓷器种类繁多，有瓶、壶、盒、炉、枕、盘、碗、洗、盏、钵、罐、人俑、动物等。执壶有长颈修长腹长流曲柄式、短颈鼓腹短流式、兽纽带式，带盖长流曲柄式、人物造型式等；瓶有花口瓶、梅瓶、玉壶春瓶、十二生肖皈依瓶等，盒有八方式、带纽式、瓜式、菊瓣饰子母式等，香炉有卵形镂孔式、钵式、鼎式等，枕有方形、锭形、孩儿荷叶形、象形、狮形、戏台式枕等。器物造型不少仿自金银器皿。装饰手法有刻花、划花、印花、贴塑，主要题材有莲、菊、牡丹、石榴花、婴戏、鱼水、飞凤、芦雁、人物等。青白瓷盒底部常见有“许家合子记”“吴家合子记”“蔡家合子记”或“汪”“程”“徐”“朱”等刻铭，说明它们出自不同的工匠作坊。

「武汉黄陂北宋墓出土的景德镇青白瓷莲花瓣碗」

梅瓶，是一种小口、短颈、丰肩、瘦底、圈足的瓶式，以口小只能插梅枝而得名。因瓶体修长，宋时称为“经瓶”，作盛酒用器，造型挺秀、俏丽，明朝以后被称为梅瓶。

玉壶春瓶的造型是由唐代寺院里的净水瓶演变而来。基本形制为撇口、细颈、垂腹、圈足。它是一种以变化柔和的弧线为轮廓线的瓶类。

景德镇青白瓷，随时注意吸收国内瓷器烧制的相关先进技术。他们的瓷器中，常可见到龙泉窑的青釉、定窑的白瓷、耀州窑的刻花，等等。别人会的，他们也会；别人做不到的，他们能做到。正因他们善于学习，注意吸纳培养各方面人才，不断推陈出新，精心打造品牌，从而能使自己长久立于不败之地。

「安徽宿松出土北宋青白瓷莲花瓣注子及托碗」

长江中下游地区唐末宋代的青白瓷窑址分布广泛。江西境内有景德镇窑、南丰白舍窑、吉安永和窑，安徽有繁昌柯家冲窑，湖北有梁子湖周围散布的湖泗窑址群。此外，

「四川遂宁南宋窖藏出土景德镇窑青白瓷粉青釉双鱼碟」

「四川遂宁南宋窖藏出土景德镇窑青白瓷粉青釉刻花梅瓶」

双鱼戏藻，是具有时代特征的代表性图案，在南宋与元代前期瓷器、铜镜等器物上，经常可以见到。

「四川遂宁南宋窖藏出土景德镇窑青白瓷粉青釉有耳鬲式炉」

福建德化、泉州、安溪、同安、南安等地，也有不少烧造青白瓷的窑址。烧造时间主要在宋代，部分可延续到元代。

「元大都出土景德镇窑青白瓷观音塑像」

宋元景德镇青白瓷，在长江流域各省乃至北方的辽宁、吉林、河北、河南、内蒙、陕西等省多有出土，并且直销海外，影响相当大。1955 年北京西城区定阜大街西口出土的元代青白瓷观音塑像，高度达 67 厘米，像作坐式，袒胸，赤足，头戴宝冠，身被璎珞飘带，造型釉色均极精美，是当时景德镇产瓷造像中罕见的艺术珍品。青白瓷的大量生产，具有承先启后的重要意义。它不仅挑战了青瓷的领先地位，还为青花瓷的兴起准备了条件。

淡妆浓抹青花瓷

青花瓷的出现，是中国陶瓷史上一件划时代的大事。

青花瓷具有青花着色力强、颜色鲜艳、呈色稳实、纹饰永不褪脱、明净素雅、实用美观等优点。它的出现，不仅带来瓷业制作的空前繁荣，而且成为我国最具民族特色的瓷器。

青花瓷，是指用钴料在瓷胎上绘画，然后上釉，在高温下一次烧成，呈白地蓝花的釉下彩瓷器。

很多外国人认识中国，是从青花瓷开始的。世界外交史上，有这样一件奇闻：1717 年，萨克森国王奥古斯都二世聘选皇后，需要一份特别的成婚礼物。他看中了普鲁士帝国腓特烈·威廉一世手中的 127 件中国景德镇青花瓷器。但对方也很喜欢这些瓷器，不想割舍却又碍于情面，便开出了 27000 塔里尔（德国旧银币）的要价。这在当时可是一个天文数字。奥古斯都二世一下子拿不出这些钱。无奈，他竟然以 600 名全副武装的萨克森近卫骑兵予以交换。这些身价百倍的青花瓷器，因此被称作“近卫花瓶”，至今仍陈列在德国德累斯顿茨温格宫博物馆内。

「德国德累斯顿茨温格宫博物馆内陈列的中国清代景德镇青花瓷器」

从元代开始，中国青花瓷进入成熟阶段。

青花瓷的产地，主要在江西景德镇。江西吉州、浙江江山、湖南怀化、云南玉溪等地也有生产，只是质量无法相比。在这种意义上，青花瓷的骄傲属于长江人，其中主要是景德镇人。

「常德出土元青花双鱼戏莲瓷盘」

元代景德镇的青花瓷器，早期带有较浓的宋代青白瓷的痕迹，主要表现是它较多施青白釉。这使青花不那么深蓝，而是带有灰色，纹饰也比较简单。晚期胎质洁白，釉色透明，青花色泽为动人的深蓝色，质量普遍较高。其型制很多，主要有四系扁方壶、执壶、凤首壶、多穆壶、僧帽壶、梨壶、龙凤壶、葫芦瓶、梅瓶、玉壶春

「常德出土元青花“蒙恬将军”故事人物玉壶春瓶」

「江宁明代沐英墓出土元代“萧何月下追韩信”故事人物青花梅瓶」

瓶、戟耳瓶、蒜头瓶、双环耳瓶、花觚、铺首耳尊、荷叶盖罐、狮纽盖罐、双系小口罐、高足碗、撇口碗、折腰碗、浅盘、折沿盘、菱花口盘以及鼎、炉、豆、杯、盏、洗等。1956年湖南常德桃源县出土的元青花双鱼戏莲瓷盘和“蒙恬将军”故事人物玉壶春瓶，算是其中珍品。

1950年，有人盗掘位于南京江宁的明代黔宁王沐英墓，政府闻信后立即制止并组织力量进行了考古发掘。该墓出土的一件元青花“萧何月下追韩信”故事人物梅瓶，现已成为南京博物院镇馆之宝。

武汉博物馆收藏的一件元青花“四爱图”梅瓶，白色质地上用青花描绘人物、花草、凤凰之类，造型优美，形态生动，十分可爱。2006年，湖北省文物考古研究所从钟祥明代郢靖王墓中又发掘出土一件同类图案的元代青花梅瓶。它们分别成了武汉博物馆与湖北省博物馆的镇馆之宝。

「武汉博物馆藏元“四爱图”青花梅瓶」

元代使用的青花钴料，有进口料与国产料两种。钴土矿在云南、浙江、江西均有蕴藏。云南玉溪窑、浙江江山窑所用都是本地钴料，景德镇窑一些大件青花器，包括出口外国的产品，采用的是高档的进口钴料，小件器物则使用国产钴料。

“四爱”指东晋著名书法家王羲之喜爱兰花，宋代著名理学家周敦颐酷爱莲花，北宋著名诗人林和靖痴爱梅花，东晋著名诗人陶渊明深爱菊花。

据有人统计，目前全世界收藏的完整的元代青代瓷器，其数量只200来件。并且，中国国内所见甚少，而以伊朗与土耳其为主要收藏地，因此显得特别珍贵。不过，随着考古工作的进一步展开，元代青花瓷器正在不断被发现之中。

新中国成立以来，各地区发现的元代瓷器批次不少。其中最重要的，是2002年以来对内蒙古自治区乌兰察布盟元代集宁路古城遗址的系统发掘。在此已出土完整瓷器200多件，可复原瓷器7000余件，各类瓷器标本上万件。这些瓷器种类丰富，涉及元代景德镇窑、钧窑、定窑、磁州窑、耀州窑、龙泉窑、建窑等七大窑系，另有大量瓷器尚未确定窑口。这些瓷器中，就包括数量可观的青花瓷。

「内蒙古集宁路古城遗址窖藏出土的景德镇窑元青花云龙纹高足杯」

元代景德镇青花有几个明显的特点：较为普遍的施青白釉，青花中有较为明显的铁质斑点，即局部青花呈色青黑。花纹比较简单，布局疏朗。青花纹饰的主题有松竹梅、牡丹、莲花之类植物，也有龙、凤、鹤、鹿之类动物，另有较多的人物故事，如周亚夫细柳营、萧何月下追韩信、三顾茅庐等。辅助纹则有卷草、缠枝花卉、回纹、蕉叶、变形莲瓣之类。其有一定层次，画面丰满而浑然一体。图案中较多采用八宝纹作为配饰。器物造型具有时代特征。如上图云龙纹青花高足杯，这种呈竹节形且无其他色彩的高足，口沿内壁青花弦纹下饰暗花八宝纹，外壁龙头及碗内中心菊花纹中，可见明显铁质斑点，就是它的重要特征。

「元"鬼谷子下山"故事人物青花罐」

目前中国文物拍卖的最高价位，是由中国景德镇产元代青花瓷创造的。2005年在伦敦佳士得举行的中国陶瓷工艺精品拍卖会上，一件由荷兰人收藏的景德镇产“鬼谷子下山图”元青花罐，以1400万英镑拍出，加佣金后为1568.8万英镑，折合人民币约2.3亿元，创下当时中国艺术品在世界上的最高拍卖纪录。

明代青花瓷在元代的基础上又有新的发展。它是景德镇瓷器生产的最主要品种。又因景德镇的“瓷都”地位，所以不用说它又引导着全国瓷器生产的潮流。

明代景德镇御器厂生产的青花瓷，胎质细腻洁白，釉色晶润透明，青花浓艳，造型多样。特别是永乐至宣德年间（公元1403—1435年），国力强盛，郑和七下西洋，从波斯湾地区带回大量“苏麻离青”钴料，给青花瓷生产注入了新的活力。这种钴料质量极佳，在适当的火候下，可以烧出像蓝宝石一样的鲜艳色泽，而且不易被人模仿。所以这一时期是我国青花瓷生产的黄金期。其产量大，制作风格由元代的厚重雄健而趋于清新流丽，极多精致小巧的器物。有些受到西亚金、银、铜器的影响，造型、纹饰亦具有外域风格。

永乐、宣德（公元1403—1435年）青花瓷，有明以前的一些器形，如盘、碗、高足杯、洗、三足炉、缸、罐、灯、渣斗、梅瓶、玉壶春瓶、贯耳瓶等，还有很多新的器形，如抱月瓶、天球瓶、长颈方口折壶、八角烛台、花浇、筒形花座、仰钟式碗，等等。永乐青花压手杯，有双狮款、葵花心款、鸳鸯款，款中心有“永乐年制”四字篆书。天球瓶是一种直颈球腹瓶，其颈部多为白地蓝花，口腹却为蓝地白花（即绘彩为地，白胎为花），龙体盘绕，身刻鳞纹，绘画技法很高。宣德官窑梅瓶，瓶高达50厘米，龙纹矫健有力。一件宣德大

「钟祥明梁庄王墓出土青花高足杯，其造型具元代特征，但纹饰风格已有不同」

天球瓶是受西亚文化影响极深的一种瓷器造型，创烧于明代永乐、宣德年间的景德镇窑，多见青花。以海水龙纹为贵。瓶形为小口、直颈、丰肩、假圈足、砂底微凹。因圆球腹硕大，像是从天降下来似的，故名。

盘，上画绶带鸟啄枇杷，其画稿水平很高，可能出自画院。一件菱花洗，分十瓣，上画十条团龙。宣德器一般在底部有“大明宣德年制”楷书款。

「武汉博物馆藏明宣德鸳鸯戏莲将军盖罐」

正统、景泰、天顺时期（公元1436—1464年），景德镇御器厂仍在生产青花瓷。奇怪的是，很少有这一期间的年号款记的瓷器。目前见到唯一一件此时期有明确年号的青花器，是江西博物馆收藏的明景泰元年（公元1450年）罗如墉敕命牌。对于其他器物，人们只能根据青花发展演变的趋势，对其进行大致推断。其器形纹饰，可能承袭宣德遗风，只是器物胎体，绝大部分比永乐、宣德器物厚重。

「西安交通大学出土明正统景泰天顺时期景德镇青花人物楼阁纹罐」

成化、弘治、正德时期（公元1465—1521年），是进口青料（苏麻离青）与国产青料杂用时期。国产青料产自江西饶州乐平县，称作平等青，又叫陂塘青。其呈色柔和、淡雅，与以前青花的深艳形成鲜明的对比。弘治青花海水龙纹盘，盘外画海水及双龙抢珠，海水浪花比较平静，不像宣德海水那样汹涌。这种图案格局，与青色的淡雅是比较协调的。正德时，青花用料更趋复杂。既用平等青，又用瑞州产的石子青（无名子），还有云南或新疆运来的“回青”。器形种类较多，在瓶、罐、盘等器物上往往用阿拉伯文作装饰，底部则有“正德年制”款识。

「西安博物院藏明嘉靖青花带座寿星骑梅花鹿」

「武汉出土明青花高士弈棋图瓷簋」

嘉靖、隆庆时期（公元 1522—1572 年），青花料主要是“回青”与石子青，二者常搭配使用。根据比例不同，又分上青、中青、下青三种。往往是供官家使用的上品用上青。嘉靖青花葫芦瓶很有特点。有上小下大的自然形葫芦瓶，上圆下方的天圆地方形葫芦瓶等。其或大或小，或高或矮，或胖或瘦，造型极为丰富。很多器物造型模仿古代铜器，做得古色古香。

万历至崇祯时期（公元 1573—1644 年），青花料先是“回青”与石子青，随后主要用浙江衢州、信州、绍兴、金华一带的“浙青”。万历初年，青花瓷生产规模尚属可观，器形纹饰有嘉靖遗风。其后，因国势衰微，产量渐少，瓷器质量也逐渐下降。

「成都市明万历太监墓出土进口钴料青花双耳瓶」

有明一代，景德镇御器厂生产的青花瓷器，数量一共有几百万件。其中除宫廷使用外，不少是供出口的。此外，景德镇还有地方官府及私人开办的不少窑场，它们烧制的青花瓷数量也很可观。这些瓷器除供应国内市场，也大量运销国外。它们大都使用国产钴料，色泽不及进口钴料艳丽，但是增加了民间色彩，纹饰图案题材多样，在一定程度上突破了御器图案规格程式化的束缚，因而自具特色。它们基本上不见龙纹，而多孔雀、水禽、花卉、仙山楼阁、琼瑶仙子、高人逸士、琴棋书画的内容。

入清以后，青花瓷器仍然是景德镇的主要产品，无论官窑民窑都是如此。

清代青花，以康熙时期（公元 1662—1722 年）最为有名。瓷土揉练精细，胎质缜密洁白，釉面细润平滑。钴料除浙料外，还使用了云南产的珠明料。由于瓷工继承了以往的优秀传统，并将水墨画晕染法运用到瓷画中，对青料的性能了解得更加透切，因此不仅可以用浙料烧出与进口钴料相类的宝石蓝色，而且可以将浙料与珠明料配合使用，使青花图案浓淡得当，富有层次，立体感强。其山川景致远近分明，花鸟树木栩栩如生，工艺技法远远超过了明代。

「湖北崇阳博物馆藏清康熙凤穿牡丹纹将军盖罐」

从康熙朝开始，景德镇窑业分工相当细密，这对于提高窑工的专门技巧是非常重要的。当时的青花着色，都由专门的画工负责。据雍正、乾隆时任景德镇御窑厂协理陶务的官员唐英在《陶冶图说》中记载："画者学画不学染，染者学染不学画。所以一其手，不分其心也。画者、染者分类聚一室，以成划一之功。至如边线青箍，出镟坯之手；识铭书记，归落款之工；写生以肖物为上，仿古以多见能精，此青花之异于五彩也。"这些专职画工的技艺，当然要比兼职画工更为娴熟，可以说是得心应手。康熙青花能有"青花五彩"的美誉，与这种使用专职画工的措施直接相关。

「江西新余出土清康熙青花雉鸡牡丹纹将军罐」

康熙御窑青花器以盘、碗、壶之类居多。其图案，以龙、凤、松、竹、梅及其他花卉为常见，并显得比较规矩。御窑以外的青花瓷，装饰图案及其题材却十分丰富。有取材于《三国演义》《水浒传》《西游记》《封神演义》《西厢记》之类戏剧、小说的，有三羊开泰、松鹤延年、灵仙祝寿、鹿鹤同春、洪福齐天之类祈福求祥的，有兰亭流觞、羲之爱鹅、竹林七贤、饮中八仙、张旭醉写之类反映文人逸士风尚的，还有鱼家乐、耕织图之类民俗题材及各种树木花草、诗词歌赋书法。

康熙青花瓷器上，有年号款识的较少，民间所产尤其如此。这和康熙十六年（公元1677年）浮梁县令下令禁止窑户在瓷上书写康熙年款有关。但窑户可能从美观或其他方面考虑，还是在器底留下款识，不过都是宣

「武汉博物馆藏清雍正青花海水龙纹胆瓶」

德、成化、嘉靖、万历之类明代年号。这种情况，在民窑可能一直延续到清代后期。

雍正、乾隆时期（公元1723—1795年），青花瓷质量仍为上乘。品种繁多，形制亦繁缛多变。雍正青花刻意刻求明代风格。其仿永乐、宣德，则由工匠在纹饰线点间点染“苏麻离青”料的晕散斑点，只是点痕不能渗入胎骨，缺乏神似；又仿成化青花，色调灰青淡雅；仿嘉靖、万历青花，色泽浓深泛紫。装饰采用淡描、重染、双勾轮廓填色等法，画面疏朗典雅。乾隆青花较多创新。其青花用料以浙料为主，经精心调制，呈色稳定、浑厚、明亮，色泽浓重者蓝中泛黑。此时除青白釉青花与浆白釉青花之外，尚有天蓝釉青花、东青釉青花、豆青釉青花、霁蓝釉青花、哥釉青花等。特别是青花玲珑瓷很为别致。

青花玲珑瓷是先在胎上选择与青花图案相配合的部位，镂雕两面洞透的花纹，然后上釉着色。这种透雕纹饰与青花辉映，给人以幽静高雅的感觉。

「湖北潜江博物馆藏清代豆青釉青花高士图瓷尊」

「清末民国初年民窑烧制的青花鼻烟壶」

不过事物发展都有其规律。乾隆中期以后，由极盛而渐转衰落。嘉庆青花造型、纹样、色彩、风格，均承乾隆旧制，品种数量却大为减少。以后每况愈下。鸦片战争后，景德镇瓷业更趋萎缩。其青料不纯，色泽飘浮，胎体拙重，施釉稀薄，纹饰线条含混，笔触呆板庸俗。到光绪末年，御窑已经废弃，只剩下一些民窑还在生产。

争妍斗艳是彩瓷

彩瓷自汉末已经出现，随后一步步趋向兴盛。唐代长沙窑、邛崃窑，已出现一器多彩的现象。宋代吉州窑，采用了剪纸贴花、白釉剔花、白地彩绘、黑釉白彩以及木叶纹和玳瑁釉等各类工艺，使本来单调的黑釉瓷器变得丰富多彩。宋代邛崃窑，承唐代彩瓷及三彩陶器遗风，烧制出独具特色的多种三彩瓷器。前面讲的青花瓷，也是彩瓷中的一种。

元明清代，南方彩瓷更趋高峰。青花、青花釉里红、五彩、斗彩、粉彩、珐琅彩、素三彩、墨彩等争妍斗艳，将彩料配入釉汁而成的各种单色釉瓷亦层出不穷。丰富的色彩，犹如雨后彩虹一般绚丽，不仅满足了人们日常生活的需要，且使瓷器生产走向高度艺术化，给后世瓷艺以深远影响。其中，景德镇走在最前面。

1979年，江西丰城出土一组青花釉里红瓷器，包括两件俑，一件盖罐和一件楼阁式谷仓。盖罐堆塑青龙、白虎为耳，腹部堆塑朱雀、玄武，上有“大元至元戊寅六月壬寅古置刘大使宅凌氏用”款识。楼阁式谷仓上塑有人物，建筑与人物突出部位施釉里红，仓后以青花撰写墓志铭一篇。从铭文得知，墓主凌氏死于至元四年(公元1338年)，因此它们是元代青花釉里红器中唯

「成都宋墓出土邛崃窑三彩文武瓷俑」

「江西丰城出土元青花釉里红楼阁式谷仓」

一有确切纪年的瓷器。

青花釉里红在明代得以继续发展。明洪武时期的一些器物，有先印花，再施青花与釉里红作为装饰。其红色大多较淡，趋灰趋黑，并有晕散现象。永乐、宣德时，釉里红烧造比较成功。如双龙抢珠纹碗，龙云呈鲜红色，边饰为青花。正德时的青花釉里红盘，以青花绘番莲水波，以釉里红绘四鱼，色彩配合比较得当。清代康熙与乾隆时的青花釉里红器，往往以青花绘亭台、树干枝叶，以釉里红绘花朵，还有一些花卉图案，是绿叶配红花。

「西安博物院征集景德镇窑清乾隆青花釉里红胆瓶仓」

“斗彩”是明代永乐、宣德年间出现的新品种，至成化年间而至于兴盛。宣德时称作青花红彩或青花五彩，成化时称作五彩或“青花间装五色”，清代才有斗彩的名称。其制作，是先在瓷坯胎上画好图案的青花部分，罩上透明釉，高温烧成后，再在留出空白的部分填绘低温彩料，再次入窑炉经800℃左右温度烘烤。因釉下青花与釉上彩色拼对才构成完整的图案，所以称作斗彩。

「武汉博物馆藏明万历五彩人物盘」

釉下青花与釉上红彩、黄彩、紫彩、绿彩或粉彩相结合，便是所谓的“斗彩”。

著名古陶瓷专家陈万里先生认为，斗彩至少可划分成五个小类：

点彩——全器图案主要是釉下青花，只以釉上彩色稍加点缀；

覆彩——在釉下青花图案上，覆盖釉上彩色；

染彩——在青花图案的轮廓边缘，用釉上彩色烘托；

填彩——釉下青花双勾图案轮廓，釉上填入其他彩色；

青花加彩——釉下青花为主要图案，只在部分使用釉上填彩。

从他的叙述可见，斗彩的使用是很灵活的。

成化斗彩器多小巧。彩绘内容则很广泛。有云龙、海兽、鸳鸯、子母鸡、草虫、花果葡萄、吉祥文字及婴戏、高士等。其初以平涂法施彩，如花朵只绘正面，无反侧之别，树叶只有阳面，无向背之分，色彩较为单调。后来加以改正，使色彩互相衬叠，有了一定的层次感。

「苏州博物馆藏清乾隆抹红青花海水五龙盘」

苏州博物馆藏清乾隆抹红青花海水五龙盘。“抹红”属低温红釉，它不采用吹釉法上釉，而是刷抹釉，故名。其釉层不均匀，并有刷痕，但色泽清丽温润。其中心一龙为“覆彩”，边上四龙为“填彩”。

嘉靖、万历斗彩较成化又有发展。主要表现是不仅有各种小件，还有缸之类大件，施彩风格也有不同。成化斗彩中，青花是主题，釉上色彩只起配合作用。嘉靖、万历斗彩则不然。釉下青花只是整个画面中的一种颜色——因为当时还没有发明釉上蓝彩，而这种蓝彩对于表现整个画面的鲜艳程度又具有明显的作用，所以只能用釉下青花来表现——它与釉上的红、黄、褐、紫诸色地位相同。并且，许多器物还是以釉上红彩为主，花纹图案十分浓艳。图案纹饰，以山水人物、龙凤云鹤、莲池鸳鸯、花果荷叶等多见。

「武汉博物馆藏釉下青花与釉上粉彩结合的清乾隆御题仿明代“斗彩”鸡缸杯」

清代也多有斗彩器。但能与成化、万历斗彩媲美的，只有雍正、乾隆斗彩。它们一是成功地仿制出成化斗彩，达到几可乱真的程度；二是改变了过去单纯的釉下青花与釉上五彩结合的工艺，而使用釉下青花与釉上粉彩相结合，使图案更加娇艳清逸。其花鸟人物图案，着彩规整。一朵花之内，常填上紫、绿、红、黄、青多种色彩，十分精细。真是釉上釉下，各种色彩争妍斗艳，给人以丰富、热烈、鲜明、清晰的感觉，产生了良好的艺术效果。

釉上五彩是以红、黄、绿、蓝、紫等各种带玻璃质的彩料，按图案纹饰需要施于已烧成的瓷器釉面上，再入窑焙烤而成。它与斗彩的区别是没有像青花之类的釉下彩。明代已有釉上五彩器，但所见数量不多。色彩主要是红、绿、黄三种，而以红色最为突出，并且满布全器。

釉上五彩在清康熙时得到了重大发展。主要原因是当时发明了釉上蓝彩和黑彩。蓝彩的色调可以超过釉下青花，黑彩则有黑漆一样的光泽。这样就改变了明代那种为了取得青花色调与其他色彩的配合而必须采用釉下、釉上彩结合的状况。由于彩料品种多，颜色可随意调配，施彩又比较凝厚，所以这种釉上五彩器诸色纷呈，光艳夺目，透澈明亮，一开始就受人喜欢，大有取代斗彩的气势。

釉上五彩图案，多种多样。官窑器讲求恭敬规矩，民窑器显得生动活泼。清人陈浏《陶雅》评价官窑五彩：“康熙彩画手精妙，官窑人物以耕织图为最佳，其余龙凤番莲之属，规矩准绳，必恭敬止……若康熙六旬万寿节所制彩盘，边系淡抹红色之锦纹，中有万寿无疆四篆字，花卉羽毛，画法精绝，一空前古。”其评价民窑五彩则是：

「武汉博物馆藏清康熙釉上五彩四妃十六子纹笔筒」

“……客货所画，多系怪兽老树，用笔敢于恣肆……康熙客货彩碗，有画四五水鸭，或飞或起，一田父张两手欲捕之者。神情生动，树石苍秀，真杰构也。康熙朝画手佳矣。”他的这些评述，比较确切。民窑器上大量采用《水浒传》《西厢记》之类小说戏曲题材，其中又以描绘武士的所谓“刀马人”最为精致。这些人物的画风多受明末著名画家陈老莲的影响，线条简洁有力，荒率野趣之中不乏刚直明朗，殊为难得。

粉彩是在五彩基础上创制的一种釉上彩新品种，创始于康熙年间，至雍正时盛行。粉彩特点是焙烧的温度比釉上五彩还要低，只有700℃左右。

「武汉阳逻出土清代粉彩龙纹对瓶」

粉彩能用的色调比五彩更多，彩色更娇艳，并且突出了花纹的明暗、浓淡，显得更富层次，柔和而俊雅。其色料中掺有较多粉质，用手触摸，具有比较明显的立体感。有的还采用没骨法堆塑花朵、叶子，立体感更强。制作步骤，一般是先在高温烧成的白瓷上勾出图案轮廓，并填上一层“玻璃白”（主要成分是氧化铅、氧化硅、氧化砷，铅为熔剂，硅可形成玻璃质，砷是乳浊剂，有不透明的感觉），再把彩料用乳香油或水调匀，在玻璃白上描绘，最后放入炉窑烘烤。雪白的瓷面上，凸现婀娜多姿的彩花，确别具风雅。

「江西省博物馆藏民国粉彩开光山水人物纹尊」

康熙粉彩属初创，其器略嫌粗陋，粉彩亦易于剥落。雍正器则质量极高。其瓷胎白且薄，几乎达到“只恐风吹去，还愁日炙销”的程度。所绘图案，多为花鸟、人物、山水，布局疏朗有致，秀丽淡雅。乾隆粉彩制工精致，但图案渐趋繁缛。乾隆以后，景德镇粉彩仍很盛行。宣统时，御窑已废。但此后一些官商合办窑厂的产品也很精美。

珐琅彩瓷器是清代康熙至乾隆时期宫廷御用品，华丽而名贵。

明代有一种在铜质器皿上嵌刻花纹，填以彩釉，经低温焙烤而成的精致工艺品。其多以蓝色为地，以红黄绿白金为彩，并在景泰年间最为成熟，因此被称为“景泰蓝”。

景泰蓝与当时国外进口的金珐琅、铜珐琅工艺品相似，所用彩料也多属进口——西方人称之为“珐琅彩”。珐琅彩工艺移植到瓷胎上，便成了名闻中外的珐琅彩瓷器。

珐琅彩瓷创烧于康熙年间，多为盘、壶、盒、碗、杯等小件器皿，专供宫廷玩赏与祭祀之用。其胎质细薄，少量为宜兴所产紫砂陶，多数则是景德镇的素烧瓷（内壁有釉而外壁无釉）。这些瓷胎成批运送北京，再由清宫内务府造办处彩绘、烘烧为成品。康熙珐琅瓷专仿铜胎画珐琅，以黄、蓝、红、豆绿、绛紫为地色，彩绘缠枝牡丹、月季、莲、菊等图案。器底一般有红色或蓝色的“康熙御制”款识。雍正珐琅瓷风格与康熙时有所区别。大多数器皿将彩料施于白釉上，描绘花鸟、竹石、山水等画面，并配以书法极精的诗句，引首、句末处还有抹红或胭脂水印章，成为诗、书、画相结合的艺术精品。器底有“雍正年制”“雍正御制”“大清雍正年制”款识。乾隆珐琅瓷画面特点是往往模仿西方画意，多以人物为题材。其产量不大，名声却不小。其画师，除了当时著名的一些宫廷画家，还有聘请的西洋画家。珐琅彩瓷能有如此成就，完全是中西艺术完美结合的结果。

「武汉博物馆藏清康熙素三彩山水图观音尊」

「湖北孝感博物馆藏清代珐琅彩蓝地描金寿字龙纹瓶」

素三彩在明朝正德年间即已烧制成功。清代以康熙年间为盛。其所用色彩中，增加了当时才有的釉上蓝彩。其器类，有碗、盘、瓶、尊、炉及文具盒，也有观音像、动物等各种瓷塑。

素三彩是一种不用红色为彩的釉上多彩瓷，主要色调有黄、绿、紫、白等。如以黄色为地色，则称为黄地三彩，余此类推。

前面讲到的青瓷、青白瓷等，凡是没加彩饰的，都属于单色釉瓷之列。釉里含一定的铁，烧成后就呈青色或黑色，含一定的铜，则呈红色或绿色。通过对釉料的选配与控制，就可以烧制成各种符合要求的瓷器釉色。

瓷器表面只有单一的釉色，如青釉、黑釉、红釉、白釉、黄釉等，而无其他色彩的纹饰加以点缀，称为单色釉瓷。

宋代是我国单色釉瓷发展的繁荣期。北方以定窑白瓷、汝窑微显粉红色的青瓷、钧窑的红釉瓷为闻名，南方则以龙泉青瓷、建窑黑釉瓷、景德镇青白瓷著称。它们或莹润明澈、斑斓豪放，或幽玄深邃、清新理智，把自然美与艺术美和谐而形象地融为一体，具有极高的造诣。

「武汉博物馆藏明代霁蓝釉堆塑蟠虺纹瓶」

宋元之间，政治动荡，北方瓷业衰落，大批制瓷工匠迁往南方。景德镇得人气之旺，集全国精湛技艺于一体，制瓷水平迅速提高，产品更加丰富多彩。在元明清代，它除了生产青花及各种彩瓷，还大量仿制宋代流行的各色釉瓷。仿宋代定窑白瓷的结果，是与青白瓷胎质结合，构成了元代以后景德镇瓷胎的基础。仿宋代钧窑单色釉瓷，是创烧出

「武汉博物馆藏清乾隆霁红釉玉壶春瓶」

「江西省博物馆藏供出口的清中期青花矾红描金西洋人物纹盘样品」

元代的铜红、钴蓝，明代的永乐鲜红、宣德宝石红、正德孔雀绿、霁蓝，清代郎窑红、豇豆红、霁红、天蓝釉、洒蓝釉、茄皮紫等。另外，它还仿汝窑及江南的哥窑、龙泉窑等。因其采众家长技于一体，从而创造出前所未有的辉煌成就。

明朝嘉靖年间，人们又用氧化铁为呈色剂，烧制出所谓的矾红器。这是一种与高温铜红不同的低温红。它没有铜红纯正鲜丽，但容易烧造，成品也就比较多。不过这样一来，会烧铜红的人就不多了。此后宫廷一再要求烧铜红器，却未能成功。直至清康熙年间，才重新制成铜红品种郎窑红、豇豆红、霁红等。历史经验表明，有些技术一旦失传，要想重新获得并不容易。今日如此重视非物质文化遗产的传承，自有其内在原因。

明清时期，景德镇生产的彩瓷品种相当之多，难以尽述。其大部分用于满足国人需要，另有大量用于出口。今天的江西博物馆内，瓷器陈列中就包括大量此一时期的景德镇出口外销瓷样品。它们之中，不仅有中国传统色彩的各类瓷器，还有不少由国外买家定制的西洋、西亚风格产品。

清末民国，景德镇瓷业一度衰落。在这种形势下，为了保全国粹，振兴瓷业，不少志士奋起而呼。1906 年，湖南凤凰人熊希龄在湖南醴陵创办“湖南瓷业公司”；1910 年，张季直等举办江西瓷业公司。民国以后，浙

「江西省博物馆内陈列的清代外销彩瓷一角」

「湖南省博物馆藏醴陵窑“大清宣统三年”款釉下五彩百花凤尾瓶」

江、福建、四川等地也有瓷厂成立。醴陵生产瓷器，胎质白而薄，形制规整，釉色纹饰艳丽，底多书楷款“醴陵瓷业公司”六字。其多次获巴拿马、意大利世界博览会一等金质荣誉奖章。一时之间，醴陵瓷举国称誉，各地商贩云集其地。

风雅素朴紫砂陶

江苏南端，太湖西岸，有一座历史悠久的美丽古城，它便是“陶都”宜兴。

宜兴盛产多种陶瓷，其中以紫砂陶器最为有名。这儿有各种造型的花盆、花瓶和陈设文玩，更有圆无一相、方非一式，出神入化的紫砂茶壶。紫砂壶的好处，第一是泡茶色香味俱佳，茶味醇正芳馨，即使在炎热的夏天，经几个昼夜也不会变味。第二是砂质茶壶能吸收茶汁，内壁不刷也没有异味，用久了，里面形成茶锈，空壶注入开水也有茶香。第三是砂质传热慢，不仅灌注开水时不会因温度骤升而胀裂，而且可以放在温火上炖烧，使用提携时不易炙手。第四是使用越久，器身的色泽越发光润，晶光玉色，气韵温雅。它的实用性能好，造型又古朴大方，因而深得世人青睐。

紫砂陶具有的实用功能，是由紫砂泥料的特性决定的。

紫砂陶做工很讲究。陶土取出后，要经过多道工艺，才成为供制坯用的熟泥，然后再用手工精制成型。坯胎阴干后，不必上釉，便装在匣钵里用龙窑烧制。一般以茅草、松柴做燃料，烧成温度在1000℃~1250℃。成品以朱、紫、米黄三色为本色，而朱有浓淡，紫有深浅，黄有变化，每件器物各异，灿然而不能名状，有脱手则光能照面、出冶则质比凝铜的工艺效果。

紫砂泥是一种紫红色或浅紫色的陶土，富含硅和铁，而以石英、云母、高岭石为主要成分。这种陶土出自附近的晚泥盆系地质年代地层中，是宜兴得天独厚的宝贵资源。

宜兴紫砂陶的烧制，始创于宋代，明、清时趋于高峰期。对其创始，有一个有趣的传说。据说那时有一个和尚经过宜兴丁蜀山村，对当地村民不停呼叫："卖富贵土，卖富贵土。"村民们觉得奇怪，只是远远地看着那和尚。和尚显得不太耐烦，便放开喉咙高喊："你们不想买贵，那么买富怎么样？"村中几个老人不怕有什么鬼名堂，就跟着他走向附近的青龙山、黄龙山，想看看到底是怎么回事。到了那里，大家都很惊讶：平时人们没少到这儿，看到的无非是黄土、灰土，和别处没有什么两样，可是这次却见到了红、黄、青、紫、蓝五光十色的美丽宝土。于是一传十，十传百，丁蜀山村的人都来挖这"富贵土"，用它烧制紫砂茶壶。

紫砂陶一问世，就受到人们的关注。北宋梅尧臣《宛陵集》中的两首茶诗，就有"小石冷泉留早味，紫泥新品泛春华"与"雪贮双砂罂，诗琢无玉瑕"的佳句。所谓"紫泥""砂罂"，指的应该就是宜兴紫砂壶。当时人们已经知道用紫砂壶沏茶的妙处了。

「中国国家博物馆藏明代供春紫砂壶」

明清时期，是宜兴紫砂陶的繁荣期。此时出现了供春、时大彬、陈鸣远等许多制壶高手和艺术大师。他们将艺术构思运用到紫砂壶的造型与色彩上，从而一改其普通面貌，让其变成实用而又高雅的艺术品。

供春，本名龚春，明朝正德年间宜兴人。

据明人周高起所撰《阳羡茗壶系》记载，他原是一姓吴的官宦人家的书僮，侍候主人在宜兴西南的金沙寺读书。因见寺内一个老和尚做紫砂壶的技艺很好，便想学习这门手艺。但老和尚不愿传艺给他，只得私下里用老和尚洗手后沉在陶缸底部的陶土捏小茶壶。因无专用工具，只能用一把茶匙挖空胎身，用手指按平胎面。无意之间，器表留下了指螺纹。谁知烧出来以后，却因与众不同、新颖别致而受到了人们的喜爱。他就这样慢慢出了名。旧时紫砂艺人，对技艺极端保守，从不轻易传授于人，即使子女也不例外。供春偷艺而成名家，也是一段佳话。

时大彬是明朝万历年间的名家，造诣很高。人们谈到紫砂壶，往往将他和供春相提并论。有诗称誉："宜兴妙手数供春，后辈还推时大彬。"他先是模仿供春，后来接触了不少文人学士，受到艺术的薰染，风格为之一变。他曾创制出菱花八角、梅花六角、提梁、汉觯、僧帽等几十种形制的壶。其作品千奇百态，追求自然之美，看似信手而出。目前扬州市博物馆等处，收藏有他的作品。

「陈鸣远紫砂瓜楞提梁壶」

陈鸣远是清康熙、雍正年间的紫砂大师。他具有文人风采，精雕镂，通书法，能自制自镌。诗句"宫中艳说大彬壶，海外竞求鸣远碟"，就是对他作品的高度评价。

明清紫砂壶有较高的艺术性，固然和制壶艺人的聪明才智不可分离，但另一个重要原因是融入了当时江浙一带文人学士的不少心血。有人统计，从明正德始，到清宣统止，以各种形式参与紫砂陶艺的著名诗人、学者、画家等，差不多有近百人。紫砂陶质朴淳厚，不媚不俗，与文人气质相近；而此时江南人文荟萃，文人与紫砂陶接触的机会很多。这些文人，或者随个人需要设计、定制茶壶，或者撰写壶铭，在壶上进行书画篆刻，或者吟诗作文，著书立说，为紫砂陶树碑立传。如清代书画金石名流、西泠八家之一的陈鸿寿（曼生），在担任荆溪县令时，与幕客文士数人绘制了十八种新的茗壶式样，并撰写了一大批砂壶铭文，请紫砂名匠杨彭年、

「上海出土清代陈曼生自铭紫砂竹节壶」

邵二泉等依式制壶。这批壶达几千件，时人称为“曼生壶”。其壶铭格调高雅，加之不少是由他本人亲手篆刻，因而曼生壶名扬四海，售价连翻数番，顿成“洛阳纸贵”之态。以致后来连广东、湖南巡抚吴大澂想要购买，也生发出实在难得的感叹。文人的参与，提高了紫砂陶的文化档次，起了巨大的宣传作用，提高了紫砂陶的身价及紫砂艺人的社会、经济地位，确立了紫砂陶在中国艺术之林的地位。

紫砂陶融实用性与艺术性于一炉，雅俗共赏，享誉海内外。目前，国内不断有紫砂壶出土的消息，更有大量的清代紫砂壶传世，这充分表明国人对它的喜爱。

大约明代晚期，紫砂陶已开始进入海外市场。日本、南洋各国商人，争相购买，视为奇货。葡萄牙人首先把它带往欧洲，受到欧洲人普遍欢迎，被称为“朱泥器”或“红色瓷器”。后来又远销到美洲各国。

陶器制作，在我国有着上万年的历史。但自瓷器兴起以后，它在整体上就慢慢失去了原有的光辉。然而，宜兴紫砂陶却异军突起，在太湖边放射出耀眼的光华。它以素朴的美质，别具一格的风雅，和瓷器比肩而立，一争风流。

「山西襄汾出土宜兴产清代粉彩山水紫砂壶」

瓦瓮迷案

考古真是一个无止无休的研究领域。

长江古代陶瓷领域也是这样，发现越丰富，问题也就越多。前辈学者提出的一些问题，有些已经解决，有些还在解决之中。

这里主要介绍青花瓷起源揭秘过程，及长江流域古陶瓷几个未解之谜。

唐宋青花瓷揭秘

关于景德镇青花瓷的起源，从20世纪40年代开始，东西方学者众说纷纭。有的认为起源于唐代，有的认为起源于元代，也有认为元代青花瓷成熟技术源于西亚伊斯兰文明。这一问题，只有随着考古工作的不断深入才有解决的可能。

钴料所呈青蓝色，与青釉瓷的颜色比较接近。在青瓷上，青花呈色灰暗。只有在白瓷上，它才能显出艳丽的色彩。因此，人们认为好的青花瓷的出现，白瓷与钴料二者必不可少。但这并不排除，早期人们会将钴料施于青瓷上。

「唐代长沙窑青瓷釉下彩执壶」

20世纪中，主张青花瓷起源于唐代的学者认为，唐代具备出现青花瓷的充分条件。唐代湖南长沙窑已经出现了釉下灰褐色与绿色等釉下彩工艺。其中灰褐色为钴的呈色，浅绿为铜的呈色。唐宋邛崃窑中，也有与长沙窑类似产品。不仅如此，著名的唐三彩中的蓝彩和纯蓝釉陶器，也是钴的呈色。唐代釉料中使用了钴，是一个不争的事实。白瓷就更不用说了。且不说南方地区新石器时代大溪文化及中原商代文化中存在白陶，唐代定窑的白瓷更是举世闻名。但推论归推论，关键在于未能找到确切的考古证据。人们无法确认唐代青花，更未找到烧制青花的窑口。这对注重事实依据与第一手材料的考古界来说，不能不说是一个致命的硬伤。

「苏州娄葑出土唐三彩鸳鸯扁壶，其中蓝彩为钴的呈色」

「浙江龙泉“北宋”青花瓷碗残片」

「温州博物馆藏浙江龙泉青釉青花瓷碗」

为了寻找青花瓷的考古证据，人们将目光转向1957年发掘的浙江省龙泉县的金沙塔塔基，以及1970年发掘的浙江省绍兴市环翠塔塔基。金沙塔塔基砖上有北宋太平兴国二年（公元977年）纪年，环翠塔塔碑有南宋咸淳元年（公元1265年）纪年。这里共发现13片青花碗残片，以及一件较为完整的青花瓷碗。人们的想法是，找不到唐代青花实物，能找到宋代的也不错呀。

不过，这里虽然存在青花瓷片或者较完整的碗，但其断代上却存在问题。关键在于，塔基深3.75米，出土的青花碗残片则在距地表0.6米处。塔是佛寺的重要建筑物，以后各个时代都要维修，每次维修结束以及隆重庆典之后，要打开地宫并放入宝物以供奉佛祖。塔基夯土、地宫及周围填土层的出土遗物，不见得与塔同一时代。因此，这些碗片不见得就是宋代的。至于那件相对完整的青花碗，时代就更晚了。据当事者回忆，它并非发掘出土，而是当时一位考古人员从附近群众手中征购来的。多位专家从器物形制鉴定，深直腹壁与高圈足，与宋代瓷碗的斜腹壁矮圈足造型完全不同，明显具有明代瓷碗特征，应为当地明代民窑产品。

于是，所谓浙江宋代青花瓷的发现，就这样被否定了。

问题回到了原点。但考古工作者并未就此罢休。1975年及1983年，江苏扬州唐城遗址两次出土共10多块青花瓷片。其壶、碗、盘三种器物的造型、花纹图案都带有明显的唐代色彩。考古工作者对地层予以反复核对，认定它们确属唐代而不是后世产品。这一发现，重新激起了人们的广泛兴趣。

这里，不能不说世纪之交德国打捞公司在印度尼西亚勿里洞岛海域唐代沉船上的重要发现。

沃特法是德国一家水泥厂的老板。他多次听厂里的印尼工人提到婆罗洲和苏门答腊之间岛屿水域沉没有古代珍宝。1996 年，他抱着一试究竟的态度，带着潜水装备与印尼工人赶往传说沉有宝藏的水域。1997 年，他发现了明代鹰潭号沉船（音译）；1998 年，发现了马热尼号沉船（音译），并于同年在勿里洞岛外海一块黑色大礁岩附近发现了一艘沉船，将其命名为“BatuHitam”，中文意译为“黑石”号。1998 年，他开始对“黑石号”实施打捞，1999 年打捞成功。2000 年开始对打捞文物进行整理。因为出水铜镜上有唐代乾元元年（公元 758 年）铭文，长沙窑瓷碗上带有唐代宝历二年（公元 826 年）铭文，结合其他器物考证，沉船的年代被确认为 9 世纪上半叶。

「印度尼西亚勿里洞岛“黑石号”沉船上的唐代青花瓷器，瓷色与青花经海水侵蚀而变暗」

“黑石”号沉船上发现有 5 万多件中国瓷器，以及其他器物。因泥沙覆盖而受海水侵蚀较少，大部分保存完好。这些瓷器，大部分是唐代长沙窑产品，另有少量邢窑、越窑及尚未确定窑口的白釉绿彩瓷等。其中 3 件唐代青花瓷，是迄今发现的中国产且有确切依据的、最完整的青花瓷器。

唐代存在青花瓷，已是确切事实。但是，其产地在哪？它究竟是长江流域还是中原地区的产品呢？

人们对其产地，先时主要有长沙窑与河南巩县窑两种不同意见。扬州博物馆收藏的一件阿拉伯文准青花瓷碗，明显是唐代长沙窑的产品。这给主张长沙窑的学者提供了依据。但主张河南巩县窑的意见日益占了上风。关键是在河南巩县一带，发现了成规模的唐代窑址，且出土了比长沙窑更精美的青花瓷片。

「扬州博物馆藏唐代长沙窑青花阿拉伯文青釉瓷碗」

2003—2008 年，河南省文物考古研究所对巩义（原巩县）白河窑进行了系列发掘，获得了重要成果。其中唐青花瓷的发现，意义更是重大。

此次发现的青花瓷均为残片，器形有碗、盒和瓷枕。其胎白质细，烧制火候高，青花折枝花卉纹饰呈色艳丽，与“黑石号”沉船上的唐青花器的装饰基本相同。其数量虽然不多，但弥足珍贵，从根本上解决了唐代青花瓷的产地归属和年代问题。多年的争论，到此似乎尘埃落定。

唐代应该存在南北两大青花瓷系：一种是以长沙窑为代表的青瓷青花，一种是以巩义窑为代表的白瓷青花。后者合乎人们有关青花瓷的印象；前者则是一种较为原始的青花彩瓷——我们既然可以将明代浙江民窑青釉瓷碗称为青花碗，将云南玉溪窑元代青瓷产品上的钴彩呈色称为青花瓷，当然可以将呈色更为明艳的长沙窑青釉彩瓷称为青花瓷，并且与后世青花釉里红相类，是一种多彩青花瓷。它们都和元青花及青花釉里红瓷的出现有直接关联。

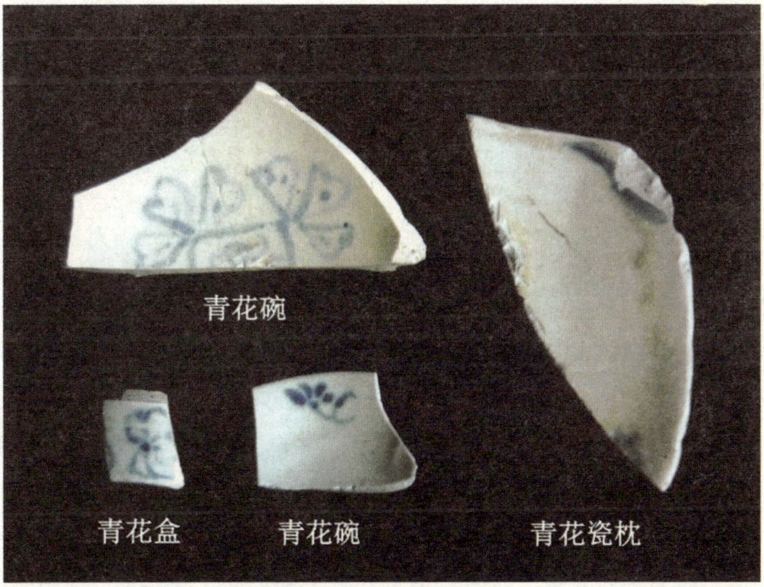

「河南巩义白河窑唐代青花瓷片(其中碗片为现场采集,盒与瓷枕片为地层出土)」

宋代应该是承上启下的时期，但目前可以确认的宋代青花瓷几乎不见，这是一种遗憾。我们确信，随着今后考古工作的再深入，这一缺环一定会被补上。到时，我国青花瓷发展的历史脉络，将会更加完整。

元代景德镇青花瓷陡然兴起并非偶然。宋元时期，中原地区因为战乱，大量人口南迁。其中，应包括河南巩县一带的窑工。他们流离失所，来到南方，然后安顿在适合自己的地方。江西景德镇一带，有充足的高岭土资源，给他们发挥一技之长提供了用武之地。他们以自己的勤劳与聪明才智，为南方瓷艺注入了新的活力。可以这样说，长江流域陶瓷业的兴旺发达，不止是长江人的功劳，而是全体中国人的功劳。正是南北民族文化的不断交汇融合，才使以景德镇为代表的中国瓷业发展站到了新的起点之上。

「云南玉溪窑元代青花鱼藻纹玉壶春瓶」

长江古瓷未解之谜

长江流域古代陶瓷，每一件器物乃至每一块碎片后面，都有未知的故事存在。这里例举 8 个问题，供大家参考。

1. 湖北商周遗存所出早期青瓷从何而来

湖北商周时期遗址或墓葬中，往往可见早期青瓷器。但数量不多，在陶器中所占比例不大。它们也许是本地烧造的，也许是从别的什么地方输入的。如果要是输入，最大可能来自下游地区（包括江西在内）。因为，那里的早期青瓷与原始硬陶，数量大，比例高，质量好。现在认为武汉盘龙城遗址的时代较早。但谁又能保证，下游地区不会有比盘龙城更早的商代或夏代遗址存在呢？江苏湖熟文化遗址的存在，不就是一个现成的例证吗！从战国时期早期青瓷的发现看，武汉一带楚墓青瓷器品类少，造型与早期越窑青瓷相类。因此其来源应在下游地区。但战国与商及西周，情况也许不一样。

2. 东汉以前的早期青瓷名称

商周时期存在早期青瓷，是一个明显的事实。人们对其实施采购或交换，必然会有一定的名称以与其他质料的物件加以区分。但现存文献除了“陶”

字以外，缺乏这方面的记载。想要破解，唯一希望在于将来的考古新发现。

3. 鄂东南五代至宋代湖泗窑、鲁湖窑规模如此庞大，却为何没有在历史上留下记载

这两大窑场都是考古工作者按现代地名命名的。湖泗窑系在梁子湖区域，以烧青白瓷为主，鲁湖窑系以烧青瓷为主。梁子湖地区的窑场，年代在五代至宋；鲁湖窑系主要年代在元、明。此两大窑场，平面分布上百平方千米范围，规模非常大，目前已发现有100多条龙窑，废破瓷品堆积如山。如此庞大的两个窑系，却没有一个古代名称，确实是一件怪事。

4. 陕西法门寺所出银棱平脱碗是否是“秘色瓷”真品

1987年陕西省考古工作者发掘扶风县法门寺塔唐代地宫，出土了13件越窑青瓷器。在记录法门寺供奉器物的物账上，这批瓷器被记载为“瓷秘色”。由此人们对所谓“秘色瓷”有了一个明确认识。这批瓷器中，既有造型规整、釉色清亮，可以代表唐代越窑最早水平的八棱瓶一类精品，也有两件银棱平脱碗，装饰虽然精美，但瓷质较为粗糙，外壁黑釉不均，让人稍感不足。有人怀疑它们技术低劣，只能靠银饰弥补缺陷，不一定是“秘色瓷”，而是以次充好的劣质产品。

「陕西扶风法门寺出土唐五代越窑银棱平脱秘色瓷碗」

“秘色”一名，最早见于唐代诗人陆龟蒙的《秘色越器》诗。其云：“九秋风露越窑开，夺得千峰翠色来。好向中宵盛沆瀣，共嵇中散斗遗杯。”对于秘色瓷，人们最初的解释认为是指唐代越窑青瓷中的精品，后来又认为是指用保密的釉料配方烧成的瓷器。如果是后者，这釉色稍次瓷碗，应属于秘色瓷。瓷器毕竟是泥巴货，保密的配方，并不能保证所烧瓷器毫无缺陷。何况它内黄外黑，两种釉色同置一器，烧制并不容易！使用银饰装点，也说明了它的珍贵。

当然，问题既已提出，争论还会继续下去。何时解决，尚须时日。

5. 唐代湖南长沙窑与四川邛崃窑彩瓷究竟谁影响谁

长沙窑与邛崃窑，两处都烧造彩瓷，釉色花纹总体风格比较接近，唯器物种类造型有别。就釉色花纹而言，湖南陶瓷研究者认为是长沙窑影响

了邛崃窑，四川陶瓷研究者的认识则正好相反。两地学者，孰是孰非，应有一个明了的时候。

6. 宋代“哥窑”在何处

这是一个老问题。

传说宋代浙江处州有民间制瓷好手章姓兄弟二人，在龙泉各设一窑。哥哥章生一的窑称为“哥窑”，弟弟章生二的窑称为“弟窑”。哥窑铁足紫口，釉面有冰裂开片，层次错落，称为“金丝铁线”。因其特色而形成一种自然美，深得人们喜爱，由是而成名窑。兄弟二人各有成就，成了后世龙泉窑崇拜的祖师爷。

宋代哥窑瓷器，传世可见。但其窑址所在，一直是个谜。经文物普查，浙江省龙泉市发现古代窑址数百处。经多次考古发掘，也未见有与所谓哥窑特征相符的器物。因此有人怀疑所谓宋代哥窑器为元、明时期伪托的仿古器。有人发现与龙泉相邻的云和县窑址，其开片青瓷，釉胎、片纹与传世哥窑器相仿，且此地在宋代与龙泉同属处州管辖，从而推测此处或为哥窑所在。究竟如何，有待考古工作进一步落实。

「中国国家博物馆藏宋代哥窑仿古瓷簋」

7. 湖北出土所谓宋代“建窑茶盏”，是否有湖南湘乡棋梓窑产品

湖北地区出土过一些宋代黑釉瓷盏，以前一般归为福建建窑产品。1997年，湖南省文物考古研究所清理属于南宋时期的湘乡棋梓窑址，发现其亦生产与建窑类似的黑釉盏。其技术不及建窑，见不到那种天目油滴釉，偶见盏底部位有部分兔毫类窑变，与湖北各地所出基本相似。

从各地发现看，不太精美的黑釉瓷盏一类大宗产品，多为就近销售。如四川所出黑釉盏，多为邛崃窑产品。因其利润不高，商家不愿长途贩运。考虑湘乡窑较建窑离湖北为近，当有部分产品流入。以前不知湘乡有此窑址，故统归为建窑。是否如此，还得今后留心。

8. 云南玉溪窑元代青花瓷为何迅速衰落

云南玉溪元代产青釉青花瓷，但时间不长就衰落了。这到底是因色彩不艳而不招人喜欢，还是钴料受官府垄断不易购得，原因至今不详。

图书在版编目（CIP）数据

器玉陶瓷 / 刘森淼，刘尔亮编著．—武汉：长江出版社，2019.6（2023.1 重印）
（长江文明之旅丛书．人文历史篇）
ISBN 978-7-5492-6528-2

Ⅰ．①器… Ⅱ．①刘…②刘… Ⅲ．①长江流域—古玉器—介绍②长江流域—陶瓷艺术—介绍 Ⅳ．①K876.8②J527

中国版本图书馆 CIP 数据核字（2019）第 105254 号

项目统筹：张　树
责任编辑：陈　辉　　苏密娅
封面设计：刘斯佳

器玉陶瓷

刘玉堂　王玉德　总主编　刘森淼　刘尔亮　编著
出版发行：上海科学技术文献出版社
地　　址：上海市长乐路 746 号　200040
出版发行：长江出版社
地　　址：武汉市解放大道 1863 号　430010
经　　销：各地新华书店
印　　刷：中印南方印刷有限公司
规　　格：710mm×1000mm　1/16
印　　张：9.25
字　　数：122 千字
版　　次：2019 年 6 月第 1 版　2023 年 1 月第 2 次印刷
书　　号：ISBN 978-7-5492-6528-2
定　　价：39.80 元